Die besten Desserts aus dem Glas

Leckere und abwechslungsreiche
Dessert Rezepte im Glas für jeden Anlass

Mara Bächler

Alle Ratschläge in diesem Buch wurden vom Autor und vom Verlag sorgfältig erwogen und geprüft. Eine Garantie kann dennoch nicht übernommen werden. Eine Haftung des Autors beziehungsweise des Verlags für jegliche Personen-, Sach- und Vermögensschäden ist daher ausgeschlossen.

Email: info@edition-lunerion.de
www.edition-lunerion.de

Psiana eCom UG

Berumer Str. 44

26844 Jemgum

Vorwort

Perfekt portioniert, ansehnlich präsentiert und Löffel für Löffel eine geschmackliche Offenbarung: Das sind Desserts im Glas, die sich nicht nur als krönender Abschluss eines tollen Menüs gut machen, sondern auch als Highlight auf Buffets oder für süße Momente im Alltag einzigartige Akzente setzen. Sie sind leicht vorzubereiten, präsentieren sich in den unterschiedlichsten Varianten und wer zu Schichtdessert greift, der kann mit jedem Bissen eine neue Geschmackskombination genießen. Sieht nach komplizierten Kunstwerken aus? Ganz und gar nicht! Zwar ist die Optik beeindruckend, das kriegen Sie mit den kinderleicht nachzumachenden Rezepten aber tatsächlich blitzschnell und ohne großen Aufwand hin. Ob Sie es lieber fruchtig mögen oder in sündig-schokoladigen Leckereien schwelgen, ob's mit Schuss, mit Nuss, alkoholisch oder lieber figurfreundlich sein darf – dank der Riesenauswahl findet sich für jede Vorliebe das perfekte Dessert und auch, wer sich vegan oder laktosefrei ernährt, kommt hier voll auf seine Kosten. Dank praktischer Tipps & Tricks sowie einfacher Schritt-für-Schritt-Beschreibungen gelingen die Kunstwerke zudem auch Ungeübten auf Anhieb und Sie können ab sofort jederzeit mit einzigartigen Leckereien punkten!

Guten Appetit!

INHALT

Wissenswertes

Finden Sie nicht, dass zu jedem guten Essen ein ebenso gutes Dessert gehört? Desserts im Glas sind dafür der perfekte Abschluss! Sie sind nicht nur schnell und einfach zubereitet, sondern sehen auch optisch toll aus und eignen sich demnach für jeden Anlass als ganz besondere Nachtisch-Variante! Egal, ob leichte Cremes, eine lockere Mousse, Pudding oder ein Küchlein – sie runden jedes Essen perfekt ab. Lassen Sie sich von den 90 folgenden Rezepten inspirieren und finden Sie Ihr persönliches Lieblingsdessert im Glas! Desserts im Glas lassen sich in unzähligen verschiedenen Varianten zubereiten. In der einfachsten Variante zaubern Sie ein köstliches Schichtdessert, indem Sie Kuchenreste oder Ihre Lieblingskekse in Gläser schichten, eine Creme Ihrer Wahl darauf verteilen und das Dessert mit frischen Früchten oder einem leckeren Crunch aus Nüssen oder gehackter Schokolade toppen. Aber auch eine selbstgemachte Vanille- oder Karamellsoße macht das Dessert noch unwiderstehlicher! Ihrer Fantasie und Kreativität sind keine Grenzen gesetzt. Viele der folgenden Rezepte können Sie nach Ihren Vorlieben beliebig abändern und erweitern. So ist garantiert für jeden Geschmack das perfekte Dessert dabei! Extra cremige Desserts lassen sich mit Sahne und/oder

Mascarpone kreieren. Wenn Sie es leichter mögen, ist ein Dessert mit Magerquark oder Joghurt die bessere Wahl. In diesem Buch finden Sie Desserts, die echtes Hüftgold sind, wenn Sie sich mal etwas gönnen wollen, aber auch gesündere und trotzdem unglaublich leckere Dessert-Alternativen für den Alltag. Von fruchtigen Nachspeisen über richtige Schokobomben, leichte Cremes sowie vegane Desserts und Desserts für besondere Anlässe ist alles dabei! Probieren Sie sich einfach durch!

Es finden sich auch einige laktosefreie Rezepte. Alle Desserts aus der Kategorie „Vegan" sind laktosefrei sowie andere vereinzelte Desserts aus anderen Kategorien. Die meisten Desserts lassen sich aber auch problemlos in der veganen oder laktosefreien Variante zubereiten, indem Sie Milch, Joghurt oder Sahne durch pflanzliche Alternativen ersetzen oder laktosefreie Produkte verwenden. Nun möchte ich Ihnen ein paar sinnvolle Tipps mit auf den Weg geben, denn insbesondere hinsichtlich der Auswahl der passenden Dessertgläser gilt es, ein paar Punkte zu beachten.

Das richtige Glas finden

Dessertgläser gibt es in den unterschiedlichsten Größen, Formen und Designs mit jeweils speziellen Eigenschaften. Von rund, oval bis eckig, von schlicht bis ausgefallen, findet sich eine große Auswahl an Dessertgläsern. Auch gibt es Gläser in Farbe, mit Goldrändern oder Gravuren und Aufdrucken. Je nach Anlass können Sie sich die perfekten Gläser aussuchen. Kaufen können Sie Dessertgläser online bei diversen Anbietern, in Einkaufszentren oder bei Glaswarenherstellern. Welches Fassungsvermögen die Gläser für die Rezepte haben sollten, ist in jedem Rezept bei den Portionen angegeben. Dies ist jedoch nur eine Empfehlung und dient als Orientierung, bedeutet aber nicht, dass die Gläser immer voll gefüllt sind. Selbstverständlich können Sie auch kleinere oder größere Portionen zubereiten, indem Sie andere Gläser verwenden.

Die verschiedenen Materialien

Das Material variiert von Kunststoff über konventionelles Glas bis hin zu Kristallglas. Insbesondere Schichtdesserts glänzen in Gläsern aus Kristallglas besonders gut und sehen demnach sehr hochwertig aus. Möchten Sie eine größere Gruppe verköstigen, eignen sich Kunststoffgläser womöglich besser. Sie sind nicht nur preisgünstig, sondern in ihrer Verwendung am unkompliziertesten. Sie können auch Trink- oder Dekogläser verwenden, dabei müssen Sie nur darauf achtgeben, dass diese eine geeignete Form aufweisen, beispielsweise groß genug sind, um sie mit einem großen Löffel befüllen zu können. Beachten Sie, dass filigrane, elegant aussehende Gläser meist dünnwandig und deshalb nicht besonders stabil sind. Dasselbe gilt für Gläser, die einen Stiel besitzen. Je dünner und länger dieser ist, desto fragiler ist das Material und das entsprechende Glas ist weniger für die Spülmaschine geeignet. Auf der anderen Seite wirken diese Gläser besonders repräsentativ und dekorativ. Wenn Sie sichergehen möchten, dass die ausgewählten Gläser stabil genug sind, achten Sie darauf, dass der Fuß ebenso breit ist und mindestens den gleichen Durchmesser besitzt wie der Kelch. Empfehlenswerte stabile Gläser für Desserts, die sich für jede Art von Dessert eignen, sind Weckgläser. Das Besondere an Sturzform-Gläser von Weck ist, dass sie robust und hitzebeständig sind und demnach für die Spülmaschine und den Ofen geeignet sind. Außerdem sind sie zumeist mit Deckel erhältlich, sodass die Desserts geschlossen im Kühlschrank bis zum Verzehr gelagert werden können. Dessertgläser von Weck gibt es auch in Tulpenform mit Deckel. Diese Gläser sind ideal für ein Mousse au Chocolat oder Kompott. Sie sind ebenfalls robust, eignen sich daher für die Spülmaschine, sind aber nicht ofenfest. Um Weckgläser wirklich luftdicht zu verschließen, müssen Sie jedoch entsprechende Gummis oder Klammern dazukaufen.

Der passende Deckel

Im Übrigen gibt es Gläser mit Schraubverschluss, Drahtbügelverschluss oder einfache Glasdeckel wie bei den Weckgläsern. Gerade wenn Sie die Desserts transportieren möchten, sind solche Gläser ein Muss! Schraubverschlüsse sind in der Regel aus Metall. Soll das Dessert lange haltbar sein, achten Sie darauf, dass der Deckel an der Innenseite eine Gummibeschichtung besitzt, sodass keine Luft eindringen kann. Gläser mit einem Drahtbügelverschluss besitzen einen Gummiring, der über das Kniebelprinzip mit einem Drahtbügel zugeklemmt wird. Das Öffnen und Schließen des Glases wird damit besonders einfach. Diese Gläser sind preislich jedoch etwas teurer und der Verschluss ist anfälliger für Verschmutzungen und funktioniert dann nicht mehr.

Volumen und Befüllen der Gläser

Üblicherweise fassen Dessertgläser 100 - 250 ml. Je nachdem, was für ein Dessert Sie zubereiten und ob Sie lieber größere Portionen oder kleinere haben möchten, können Sie sich am Volumen der Gläser orientieren. In der Regel sind 100 ml pro Person aber völlig ausreichend. Denken Sie bei Rezepten, bei denen Sie Küchlein im Glas backen, daran, die Gläser nur bis zur Hälfte mit dem Teig zu befüllen. Durch das Aufbacken kann es schnell zum Überlaufen kommen, wenn das Glas nicht ausreichend groß ist. Frieren Sie ein Dessert ein, darf das Glas auch nicht mehr als ¾ gefüllt sein, sonst droht es zu platzen.

Die Kosten

Gläser aus Kunststoff können Sie schon für Centbeträge kaufen, während hochwertige Gläser aus Kristallglas und von bekannten Marken bis zu zehn Euro oder mehr pro Glas kosten können. Wie viel Sie für die Gläser ausgeben, hängt also davon ab, welche persönlichen Anforderungen Sie an die Gläser haben, für welche Art von Dessert und für welche Anlässe Sie die Gläser verwenden möchten sowie von Ihrem Budget und Ihren persönlichen Vorlieben.

Reinigung und Entsorgung der Gläser

Die meisten dickwandigen Gläser sind spülmaschinenfest. Instabilere und besonders filigrane Gläser sollten Sie auf jeden Fall mit der Hand waschen. Auch Kristallgläser sollten per Hand gewaschen werden, da sie sonst ihren Glanz nach einiger Zeit verlieren und nicht mehr so hübsch anzusehen sind. Das Gleiche gilt für Gläser mit Verzierungen oder Gravuren. Entsorgen Sie ein kaputtgegangenes Glas im Glascontainer. Entleeren Sie das Glas vorher und waschen Sie es kurz aus. Halterungen und Co. gehören demgegenüber in den Hausmüll.

Allgemeine Tipps für die Zubereitung der Desserts

1. Möchten Sie, dass Ihr Dessert im Glas besonders anschaulich ist, empfiehlt es sich, die jeweilige Creme mit Hilfe eines Spritzbeutels (z. B. mit einer Sterntülle) in die Gläser zu spritzen. So gelingt Ihnen ein gleichmäßiges schönes Einschichten.
2. Beim Dekorieren und Anrichten sind Ihnen dann keine Grenzen gesetzt. So können Sie schnell und einfach echte Kunstwerke zaubern, die schon fast zu schade für den Verzehr sind.
3. Bei Schichtdesserts sollten Sie immer die schweren Komponenten unten in das Glas geben. Sonst werden die leichteren Zutaten von ihnen erdrückt und das Dessert sackt in sich zusammen.
4. Bereiten Sie ein Dessert mit einem leckeren Crunch als Topping zu, geben Sie dieses erst kurz vor dem Servieren auf das Dessert. Anderenfalls wird der Crunch durchweichen und seinen Zweck nicht mehr erfüllen.
5. Zwar wird auch in den jeweiligen Rezepten darauf hingewiesen, aber achten Sie bei Küchlein oder überbackenen Desserts im Glas unbedingt darauf, ofenfeste Dessertgläser zu verwenden. Wie schon beschrieben, eignen sich Weckgläser dafür hervorragend!
6. Ein letzter Tipp: Um eine Kuchen- oder Keksschicht besser in die Gläser drücken zu können, feuchten Sie einfach die Unterseite des Löffels an.

Fruchtige Desserts

ZIMTCREME MIT APFELMUS

4 (á 200 ml)

1 Std. 15 Min.

Leicht

Zutaten

2 Äpfel
75 ml Wasser
480 g Magerquark
6 EL brauner Zucker
190 g Schmand
3 TL Zitronensaft
1 TL Zimt
1 Msp. Muskat
1 Pck. Vanillezucker
55 g Vitalgebäck

Nährwerte p. P.

345 kcal
34 g Kohlenhydrate
15 g Fett
18 g Eiweiß

1 Äpfel schälen, entkernen und kleinschneiden. Mit 3 EL braunem Zucker, Zitronensaft, Wasser und Vanillezucker zum Kochen bringen und sechs Minuten zugedeckt köcheln lassen. Anschließend abkühlen lassen.

2 Schmand, Quark, Zimt, Muskat und übrigen Zucker vermengen. Kekse zerbröseln.

3 Quarkcreme, Apfelkompott und Kekse nacheinander in die Gläser geben und servieren.

HIMBEER-MOUSSE

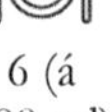
6 (á 180 ml)

50 Min.

Leicht

Zutaten

480 g Himbeeren
1 Pck. Vanillezucker
90 g Magerquark
2 TL Zitronensaft
65 g Zucker
190 g Schlagsahne
2 Blätter Gelatine
90 g weiße Schokoraspel

Nährwerte p. P.

293 kcal
32 g Kohlenhydrate
18 g Fett
4 g Eiweiß

1 Himbeeren säubern und 14 davon beiseitelegen. Übrige Beeren mit Zitronensaft, Vanillezucker und Zucker mixen und durch ein Sieb streichen.

2 Gelatine nach Packungsanleitung in kaltes Wasser legen. 4 EL des Himbeerpürees im Topf zum Kochen bringen, Gelatine ausdrücken, hinzugeben und unterrühren. Quark zugeben, Sahne steifschlagen und ebenfalls untermengen.

3 Creme in Gläser geben und 35 Minuten kühlstellen. Anschließend mit den übrigen Himbeeren und den Schokoraspeln dekorieren.

KOKOS-MOUSSE

4 (á 180 ml)

1 Std. 25 Min.

Leicht

Zutaten

Für die Mousse:
240 ml Kokosmilch
45 g Kokosraspel
4 Eier
240 ml Schlagsahne
1 Pck. Agartine (pflanzliches Geliermittel)
½ Banane
75 g Erythrit
Saft von ½ Zitrone

Für die Dekoration:
2 EL Kokosraspel
½ Banane

Nährwerte p. P.

549 kcal
31 g Kohlenhydrate
53 g Fett
10 g Eiweiß

1 Eier trennen und Eiweiß steifschlagen. Banane zerdrücken und mit Zitronensaft beträufeln. Bananenmus und Eigelbe aufschlagen. Kokosraspel, Kokosmilch, Agartine und Erythrit vermengen und unter Rühren im Topf zum Kochen bringen. Kurz köcheln lassen, dann abkühlen lassen.

2 Sahne steifschlagen. Bananen-Eigelb-Mischung unter die Kokosmasse rühren und Sahne unterheben.

3 Creme in Gläser geben und vier Stunden kühlstellen. Vor dem Servieren mit Kokosraspeln und Bananenscheiben anrichten.

YOGURETTE-GLAS

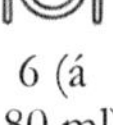

6 (á 180 ml) | 15 Min. | Leicht

Zutaten

240 g Magerquark
290 g Erdbeeren
140 g griechischer Joghurt
45 g Zucker
380 ml Schlagsahne
1 Pck. Sahnesteif
7 Yogurette-Riegel

Nährwerte p. P.

389 kcal
24 g Kohlenhydrate
30 g Fett
9 g Eiweiß

1 Joghurt und Quark mischen. Sahne, Sahnesteif und Zucker in einer anderen Schale steifschlagen und unter die Quarkcreme heben.

2 Erdbeeren säubern, den Strunk entfernen und bis auf sechs Beeren kleinschneiden. Yogurette-Riegel hacken.

3 Nacheinander Creme, Yogurette, Erdbeeren und wieder die Creme in Gläser schichten. Dabei etwas Yogurette übriglassen.

4 Gläser mit den ganzen Erdbeeren und der Yogurette verzieren.

VANILLE-BANANEN-NACHTISCH

4 (á 140 ml)

10 Min.

Leicht

Zutaten

1 Banane
290 ml kalte Vollmilch
1 Pck. Dr. Oetker Paradiescreme Vanille
4 Oreo-Kekse

Nährwerte p. P.

140 kcal
20g Kohlenhydrate
5 g Fett
4 g Eiweiß

1 Oreos trennen und die Füllung in einen hohen Behälter geben. Kekshälften in einen Plastikbeutel geben und mit einem Nudelholz grob zerdrücken. Banane in Scheiben schneiden.

2 Milch zu der Oreo-Füllung geben und Paradiescreme, wie auf der Packung beschrieben, zubereiten. Die Hälfte der Bananenscheiben unter die Creme rühren und auf die Gläser verteilen. Gläser bis zum Servieren kühlstellen.

3 Vor dem Servieren mit den Oreo-Kekskrümeln bestreuen und mit den übrigen Bananenscheiben dekorieren.

BROMBEERDESSERT

6 (á 220 ml)

2 Std. 20 Min.

Leicht

Zutaten

Für die Beeren- und Keksschicht:
2 EL Wasser
240 g Brombeeren
140 g Amarettini
75 g Zucker

Für die Quarkcreme:
480 g Quark (20 % Fett)
½ Limette
85 g Zucker
190 g kalte Schlagsahne

Für die Dekoration:
12 Brombeeren
6 Minzblätter

Nährwerte p. P.

416 kcal
55 g Kohlenhydrate
17 g Fett
12 g Eiweiß

1 Brombeeren, Wasser und Zucker im Topf acht Minuten köcheln lassen. Beeren mit einer Gabel zerdrücken, alles umrühren und abkühlen lassen.

2 Amarettini in einen Plastikbeutel geben und mit einem Nudelholz zu Bröseln schlagen. Die Hälfte der Brösel auf die Gläser verteilen.

3 Für die Creme die Limette heiß abwaschen, Schale abreiben und den Saft auspressen. Mit Zucker und Quark vermengen. Sahne steifschlagen und unterheben. Die Hälfte der Creme in die Gläser geben.

4 Brombeersoße auf die Creme geben und mit den übrigen Amarettini-Bröseln bestreuen. Übrige Creme darauf verteilen.

5 Desserts mindestens zwei Stunden kühlstellen. Vor dem Servieren Brombeeren und Minze säubern, abtropfen lassen und die Gläser mit je zwei Brombeeren und einem Minzblatt dekorieren.

ERDBEER-KEKS-NACHSPEISE

6 (á 150 ml)

1 Std.

Leicht

Zutaten

75 g Butterkekse
290 g Erdbeeren
2 EL Puderzucker
45 g weiche Butter
190 g Schlagsahne
240 g Magerquark
45 g Zucker
1 Pck. Vanillezucker

Nährwerte p. P.

301 kcal
26 g Kohlenhydrate
20 g Fett
7 g Eiweiß

1 Kekse zerbröseln und Butter im Topf zum Schmelzen bringen. Beides mischen, auf die Gläser verteilen und etwas andrücken.

2 Erdbeeren säubern und den Strunk entfernen. Drei Erdbeeren zur Seite legen. 90 g der Beeren mit Puderzucker fein mixen. Die Hälfte des Pürees auf die Gläser verteilen.

3 Übrige Erdbeeren in Scheiben schneiden und diese an den Glasrändern aufstellen. Dabei leicht andrücken, dann halten sie besser.

4 Sahne steifschlagen und mit Quark, Zucker und Vanillezucker verrühren. In einen Spritzbeutel ohne Tülle geben, den Beutel unten aufschneiden und die Creme in die Gläser geben. Anschließend glattstreichen.

5 Übriges Püree auf die Creme geben und auch glattstreichen. Beiseitegelegte Erdbeeren halbieren und je eine Hälfte auf ein Dessert legen. Mindestens 40 Minuten kühl stellen.

BLAUBEERDESSERT

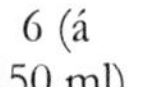

6 (á 150 ml) | 1 Std. 20 Min. | Leicht

Zutaten

Für das Blaubeerpüree:
1 Vanilleschote
2 EL Wasser
290 g TK-Blaubeeren
3 EL Zucker
2 TL Speisestärke

Für die Creme:
140 g Naturjoghurt
240 g Mascarpone
190 g Schlagsahne
45 g Zucker

Nährwerte p. P.

395 kcal
28 g Kohlenhydrate
31 g Fett
4 g Eiweiß

1 Blaubeeren in einen Topf geben. Mark aus der Vanilleschote kratzen und die leere Schote mit zu den Beeren geben. Dann aufkochen.

2 Stärke und Zucker vermengen und unter das Wasser rühren. Unter die Beeren geben und alles eine Minute köcheln lassen. Anschließend abkühlen lassen.

3 2 EL des Pürees zur Seite stellen. Den Rest auf die Gläser verteilen. Für die Creme Sahne, Zucker, Vanillemark und Mascarpone aufschlagen, bis die Masse fest wird. Dann den Joghurt untermischen.

4 Ein Drittel der Creme in die Gläser schichten, dann wieder etwas von dem Püree darauf geben. Weiterschichten, bis Püree und Creme aufgebraucht sind, dabei mit der Creme oben abschließen. Mit einem Schaschlikspieß ein paar Mal durch das Glas gehen, damit eine Marmorierung entsteht.

5 Gläser bis zum Servieren kühlstellen und anschließend mit dem zur Seite gestellten Püree beträufeln.

RHABARBERGRÜTZE

4 (á 200 ml)

2 Std. 20 Min.

Leicht

Zutaten

290 g TK-Erdbeeren
45 g Zucker
340 g Rhabarber
7 EL Orangensaft
95 ml Schlagsahne
2 EL Vanillepuddingpulver
190 g Vanillepudding
5 EL Vollmilch

Nährwerte p. P.

261 kcal
39 g Kohlenhydrate
11 g Fett
4 g Eiweiß

1 140 g der Erdbeeren auftauen. Rhabarber säubern und in Stücke schneiden. Aufgetaute Erdbeeren mit dem Zucker mixen.

2 Erdbeermus und 5 EL Orangensaft im Topf zum Kochen bringen. Puddingpulver mit dem übrigen Saft verrühren und unter das kochende Püree rühren.

3 Rhabarber unterheben und alles ein paar Minuten köcheln lassen, ab und zu den Topf schwenken, damit der Rhabarber durch Rühren nicht zerfällt.

4 Übrige TK-Erdbeeren untermischen, in Dessertgläser umfüllen und erkalten lassen.

5 Sahne schlagen und mit der Milch und dem fertigen Pudding vermengen. Zu der Grütze reichen.

Schokoladige Desserts

SCHOKO-SCHICHTDESSERT

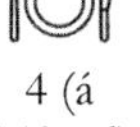
4 (á 140 ml)

2 Std. 15 Min.

Leicht

Zutaten

Für die Schokocreme:
290 ml Schlagsahne
55 g Nutella
140 g Zartbitterkuvertüre

Für die Zimtcreme:
140 g Quark (20 % Fett)
240 g Mascarpone
50 ml Schlagsahne
45 g Puderzucker
etwas Zimt

Für die Dekoration:
2 EL geraspelte Zartbitterschokolade

Nährwerte p. P.

694 kcal
44 g Kohlenhydrate
53 g Fett
10 g Eiweiß

1 Sahne im Topf erhitzen und Schokolade und Nutella darin schmelzen. Abkühlen lassen.

2 Für die Zimtcreme alle Zutaten vermengen. Beide Schichten abwechselnd in die Gläser schichten.

3 Gläser mindestens 60 Minuten kühlstellen und vor dem Servieren mit der Raspelschokolade bestreuen.

Tipp: Sie können die Zimtcreme auch mit einer Prise Kardamom verfeinern.

OREO-DESSERT

6 (á 160 ml)

7 Std. 15 Min.

Leicht

Zutaten

25 Oreo-Kekse
240 g Quark (20 % Fett)
65 g Zucker
390 g Frischkäse
480 g Schlagsahne
1 TL Vanillepaste

Nährwerte p. P.

800 kcal
48 g Kohlenhydrate
63 g Fett
13 g Eiweiß

1 Drei Kekse beiseitelegen. Übrige Oreo-Kekse fein mixen. Anschließend in eine Schale umfüllen.

2 Frischkäse, Quark, Zucker, Sahne und Vanillepaste in den Mixer geben, bis eine Creme entstanden ist. In einen Spritzbeutel umfüllen.

3 Creme und Oreos abwechselnd in Gläser geben. Danach mit Frischhaltefolie abdecken und für sieben Stunden kühlstellen. Vor dem Servieren mit den beiseitegestellten Oreos dekorieren.

COOKIE-TOPPING AUF MILCHREIS

8 (á 140 ml)

1,5 Std.

Leicht

Zutaten

950 ml Vollmilch
170 g Schoko-Cookies
1 Vanilleschote
4 EL Zucker
190 g Milchreis
2 EL Orangensaft

Nährwerte p. P.

230 kcal
28 g Kohlenhydrate
10 g Fett
6 g Eiweiß

1 Vanilleschote aufschneiden und das Mark herauskratzen. Schote und Mark mit Zucker und Milch im Topf zum Kochen bringen. Milchreis zugeben und alles 20 Minuten köcheln lassen. Ab und zu umrühren.

2 Orangensaft unterrühren und abkühlen lassen.

3 Vanilleschote entfernen, Cookies grob hacken, Milchreis in Gläser geben und die Brösel obendrauf streuen.

SCHOKOKUCHEN

10 (á 120 ml) | 2 Std. 25 Min. | Leicht

Zutaten

Für den Teig:
65 g Zucker
65 g Weizenmehl
2 Eier
20 g Backkakao
½ EL Backpulver
55 g weiche Butter und etwas Butter für die Form
25 ml Vollmilch
30 g gehackte Zartbitterschokolade
1 Pck. Vanillezucker
1 Prise Salz
2 TL Puderzucker

Für die Dekoration:
160 g Blaubeeren

Nährwerte p. P.

140 kcal
18 g Kohlenhydrate
7 g Fett
3 g Eiweiß

1 Butter, Zucker, Salz und Vanillezucker aufschlagen. Eier nacheinander unterrühren. Backpulver, Mehl und Kakao vermengen und über den Teig sieben. Milch hinzugießen und gut verrühren. Schokolade unterheben.

2 Gläser leicht einfetten und den Teig auf die Gläser verteilen. Küchlein im vorgeheizten Ofen bei 175 °C Umluft auf mittlerer Ebene 15 Minuten backen. Anschließend abkühlen lassen.

3 Vor dem Servieren Blaubeeren säubern, in die Gläser geben und mit Puderzucker bestreuen.

Tipp: Achten Sie darauf, dass Sie ofenfeste Gläser verwenden, ideal eignen sich Weckgläser!

WEIẞES SCHOKOLADENMOUSSE

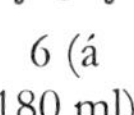

6 (á 180 ml) | 5 Std. 35 Min. | Leicht

Zutaten

Für die Mousse:
4 Eier
190 g weiße Schokolade
190 g kalte Schlagsahne
110 g weiche Butter

Für die Soße:
290 g Beeren n. B.
1 - 2 EL Zucker
Ggf. 2 TL Speisestärke

Für die Dekoration:
140 g weiße Schokolade

Nährwerte p. P.

641 kcal
44 g Kohlenhydrate
50 g Fett
8 g Eiweiß

1 Für die Mousse Schokolade im Wasserbad schmelzen. Anschließend eine Weile abkühlen lassen. Eier trennen.

2 Butter und Eigelbe unter die lauwarme Schokolade rühren. Eiweiße und Sahne getrennt steifschlagen und beides unter die Schokomasse heben.

3 Für die Soße Zucker und Beeren pürieren. Um die Soße dicklicher zu machen, Stärke untermischen und dann kurz zum Kochen bringen. Anschließend abkühlen lassen.

4 Mousse in die Gläser geben und zwei Stunden kühlstellen. Dann die Soße darauf verteilen und weitere drei Stunden in den Kühlschrank stellen.

5 Währenddessen für die Deko Schokolade hacken und im Wasserbad schmelzen. Dann auf ein mit Frischhaltefolie bespanntes Brett geben und kaltstellen, bis die Schokolade hart geworden ist.

6 Schokolade von der Folie lösen und in Stücke brechen. Mousse vor dem Servieren mit den Schokoladenstücken dekorieren.

OREO-SCHOKO-CHEESECAKE

8 (á 100 ml)

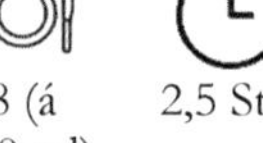
2,5 Std.

Leicht

Zutaten

12 Oreo-Kekse
95 g Zartbitterschokolade
190 ml Schlagsahne
2 EL Zucker
240 g Mascarpone

Nährwerte p. P.

371 kcal
23 g Kohlenhydrate
30 g Fett
3 g Eiweiß

1 Je einen Oreo-Keks auf den Boden der Gläser legen. Schokolade hacken und im Wasserbad schmelzen. Ein paar Minuten abkühlen lassen.

2 Schokolade, Zucker und Mascarpone verrühren. Sahne steifschlagen und darunterheben. Masse in die Gläser geben, mit Frischhaltefolie abdecken und zwei Stunden kühlstellen.

3 Übrige Oreo-Kekse zerbröseln und vor dem Servieren auf die Creme streuen.

WEIßES SAHNE-SCHOKODESSERT

4 (á 150 ml)

1 Std. 20 Min.

Leicht

Zutaten

240 ml Schlagsahne
1 Orange
1 Blatt weiße Gelatine
140 g Sahnejoghurt
140 g weiße Kuvertüre
½ EL Vanillezucker
2 TL geschälte Pistazien

Nährwerte p. P.

492 kcal
27 g Kohlenhydrate
41 g Fett
6 g Eiweiß

1 Orange heiß abwaschen und die Schale zur Hälfte abreiben. Gelatine in etwas kaltem Wasser einweichen. Vanillezucker und Sahne steifschlagen. Kuvertüre hacken.

2 Gelatine ausdrücken und mit der Schokolade im Wasserbad schmelzen. Danach beiseitestellen.

3 Joghurt und Orangenabrieb unterrühren und Sahne in drei Portionen unterheben. Creme in einen Spritzbeutel geben und mindestens 60 Minuten in den Kühlschrank stellen.

4 Creme in die Gläser spritzen. Übrige Orangenschale abreiben und Pistazien hacken. Beides auf die Creme streuen.

SCHOKOLADEN-TIRAMISU

6 (á 200 ml) | 1 Std. 20 Min. | Leicht

Zutaten

Für die Tränke:
290 ml Vollmilch
3 EL Backkakao und etwas Backkakao zum Bestäuben
2 TL Zucker

Für die Creme:
240 g Mascarpone
140 g Vollmilchschokolade
240 g Schlagsahne
1 Pck. Vanillezucker

Außerdem:
190 g Löffelbiskuits

Nährwerte p. P.

702 kcal
68 g Kohlenhydrate
50 g Fett
17 g Eiweiß

1 Milch im Topf zum Kochen bringen, Zucker und Backkakao einrühren, dann von der Platte nehmen. Schokolade hacken und im Wasserbad schmelzen. Löffelbiskuits für die verwendeten Gläser passend zurechtschneiden.

2 Mascarpone, Sahne und Vanillezucker so lange aufschlagen, bis die Creme fest geworden ist. Schokolade unterrühren.

3 Biskuits als Boden in die Gläser legen und je zwei EL der Zuckermilch darübergeben.

4 Ein Drittel der Creme darauf verteilen. Wieder eine Schicht Löffelbiskuits einschichten, tränken und das zweite Drittel der Creme darauf geben. Noch ein weiteres Mal genauso verfahren.

5 Tiramisu mindestens 60 Minuten kühlstellen und vor dem Servieren mit etwas Backkakao bestäuben.

Tipp: Für das klassische Tiramisu können Sie die Tränke aus 95 ml starkem Kaffee, 140 ml Milch, der gleichen Menge Kakao und 3 EL Amaretto anrühren.

SCHOKOMOUSSE-BIRNEN-DESSERT

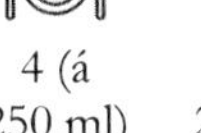

4 (á 250 ml) | 3 Std. 20 Min. | Leicht

Zutaten

Für das Kompott:
½ Zitrone
4 EL Apfelsaft
2 Birnen
2 TL flüssiger Honig

Für die Mousse:
55 ml Vollmilch
270 g Schlagsahne
130 g Zartbitterschokolade

Nährwerte p. P.

485 kcal
38 g Kohlenhydrate
36 g Fett
4 g Eiweiß

1 Eine Scheibe der Zitrone abschneiden und den Saft auspressen. Birnen schälen, entkernen und kleinschneiden. Zitronenschale, -saft und Birnenstücke mit Apfelsaft und Honig im Topf zum Kochen bringen. Vier Minuten offen köcheln lassen. Anschließend erkalten lassen und die Zitronenschale herausnehmen.

2 Für die Mousse Milch im Topf erhitzen und Schokolade im Wasserbad schmelzen. Milch zugeben, verrühren und abkühlen lassen.

3 Sahne steifschlagen und unter die Schokomilch heben.

4 Kompott auf Gläser verteilen, das Mousse daraufgeben und Gläser – mit Frischhaltefolie abgedeckt – zwei Stunden in den Kühlschrank stellen.

SCHOKOCREME

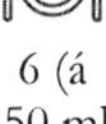

6 (á 150 ml) | 20 Min. | Leicht

Zutaten

190 g kalte Schlagsahne
1 Pck. Dr. Oetker Paradiescreme Schokolade
160 g Haribo Hey Kakao
290 ml kalte Vollmilch
etwas Backkakao für die Dekoration

Nährwerte p. P.

245 kcal
27 g Kohlenhydrate
14 g Fett
3 g Eiweiß

1 Sahne steifschlagen. Cremepulver und Milch mit einem Handrührgerät cremig aufschlagen. Sahne und Creme abwechselnd in einen Spritzbeutel geben.

2 Etwas der Creme auf die Dessertgläser verteilen. Dann einige Haribo Hey Kakao an den Rand des Glases stellen und die übrige Creme in die Gläser spritzen. Creme bis zum Verzehr kühlstellen.

3 Vor dem Servieren mit Backkakao bestäuben und mit den übriggebliebenen Haribo Hey Kakao verzieren.

DUNKLES PUDDINGDESSERT

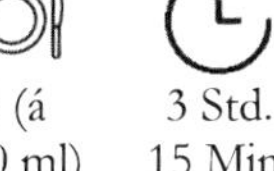

6 (á 200 ml) | 3 Std. 15 Min. | Leicht

Zutaten

Für den Pudding:
55 g Zartbitterschokolade
3 EL Minzsirup
3 EL Backkakao
75 g Speisestärke
950 ml Vollmilch
2 EL Zucker

Für das Topping:
140 g Schlagsahne
95 g weißer Nougat
6 EL Schokoladensoße

Nährwerte p. P.

412 kcal
53 g Kohlenhydrate
20 g Fett
8 g Eiweiß

1 Schokolade hacken. Kakao, Stärke und 190 ml Milch verrühren. Übrige Milch und Zucker im Topf aufkochen. Stärkemischung einrühren, nochmals eine Minute weiterkochen lassen. Topf von der Platte nehmen und Sirup zugeben.

2 Pudding in die Gläser füllen und mit der Schokolade bestreuen. Erkalten lassen. Dann mit Frischhaltefolie abdecken und 2 Stunden kühl stellen.

3 Nougat kleinschneiden. Sahne steifschlagen. Sahne in die Gläser geben, Nougat darüberstreuen und die Soße darübergeben.

Desserts mit Nüssen

BIENENSTICH-NACHSPEISE

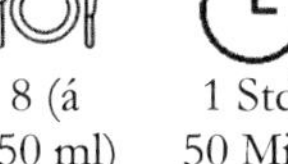

8 (á 150 ml) | 1 Std. 50 Min. | Leicht

Zutaten

Für die Puddingcreme:
1 Pck. Puddingpulver Vanille
490 ml Vollmilch
55 g Zucker
190 g Schlagsahne

Für den Mandelkrokant:
20 g Butter
40 g Zucker
50 g gehobelte Mandeln

Außerdem:
2 süße Hefebrötchen (ca. 120 g)

Nährwerte p. P.

276 kcal
26 g Kohlenhydrate
17 g Fett
6 g Eiweiß

1 Für die Creme Zucker, Milch und Puddingpulver nach Packungsangabe kochen. Pudding in eine Schale umfüllen, sofort mit Frischhaltefolie abdecken und abkühlen lassen.

2 Für den Krokant Zucker in einer beschichteten Pfanne bei mittlerer Temperatur schmelzen. Butter unterrühren. Dann die Mandeln zugeben. Nochmals durchrühren und die Masse auf einem Blatt Backpapier glattstreichen. Erkalten lassen.

3 Sahne steifschlagen, Pudding durchrühren und Sahne unterheben.

4 Brötchen in Stückchen schneiden und abwechselnd mit der Creme in die Gläser geben. Krokant zerbrechen und oben auf die Puddingcreme streuen. Bis zum Servieren kühlstellen.

ERDNUSSMOUSSE

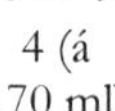

4 (á 170 ml) | 15 Min. | Leicht

Zutaten

Für die Mousse:
190 g griechischer Joghurt (10 % Fett)
160 g Erdnussbutter
190 g sehr kalte Schlagsahne
95 g Frischkäse (Doppelrahmstufe)
½ EL Vanillezucker
20 g Zucker
1 Pck. Sahnesteif

Für die Dekoration:
2 EL geröstete, gesalzene Erdnüsse (grob gehackt)
2 EL gehackte weiße Kuvertüre

Nährwerte p. P.

603 kcal
25 g Kohlenhydrate
51 g Fett
17 g Eiweiß

1 Frischkäse, Joghurt, Zucker und Erdnussbutter aufschlagen. Sahne mit Vanillezucker und Sahnesteif steifschlagen, dann unter die Joghurtmasse heben.

2 Creme in einen Spritzbeutel geben und in die Gläser spritzen.

3 Mousse mit Erdnüssen und Kuvertüre anrichten.

Tipp: Für ein Snickers-Dessert einfach etwas (selbstgemachte) Karamellsoße und Schokostücke oder Snickersstückchen hinzufügen!

BROWNIE-NUSS-DESSERT

12 (á 140 ml)

2 Std. 40 Min.

Leicht

Zutaten

Für den Brownie-Boden:
65 g Weizenmehl
45 g Backkakao
55 g + 35 g Zartbitterschokolade
3 TL Rapsöl
40 g brauner Zucker
55 g Zucker
115 g Butter
2 Eier
½ TL Backpulver

Für die Creme:
280 ml Schlagsahne
230 g Mascarpone
30 g gehackte Haselnüsse
8 Riegel Kinder Bueno
25 g Vollmilchschokolade
1 Pck. Vanillezucker

Nährwerte p. P.

460 kcal
28 g Kohlenhydrate
37 g Fett
6 g Eiweiß

1 55 g Zartbitterschokolade mit der Butter im Wasserbad schmelzen. Vom Herd nehmen, kurz warten und dann das Öl, die Eier sowie beide Zuckersorten unterrühren. Kakao, Mehl und Backpulver mischen und unter den Teig rühren. 35 g gehackte Zartbitterschokolade unterheben.

2 Gläser fetten, Teig auf Gläser verteilen und bei 175 °C 13 - 14 Minuten im vorgeheizten Ofen backen. Abkühlen lassen.

3 Für die Creme Nüsse ohne Fett anrösten. Vanillezucker und Sahne steifschlagen. Zehn Einzelstücke der Bueno-Riegel aufheben, den Rest mixen.

4 Mascarpone glattrühren und unter die Sahne heben. Schokolade im Wasserbad schmelzen. Die Hälfte der Mascarpone-Creme beiseitestellen. Gemixte Bueno-Riegel unter die andere Hälfte rühren.

5 Helle Creme in die Gläser geben. Dann die Buenocreme in einen Spritzbeutel geben und auf die helle Creme spritzen. Mit den übrigen Bueno-Stücken und Haselnüssen die Gläser dekorieren.

Tipp: Achten Sie darauf, ofenfeste Gläser, beispielsweise Weck Gläser, zu verwenden!

KARAMELL-WALNUSS-GLAS

6 (á 150 ml) | 2 Std. 55 Min. | Leicht

Zutaten

380 ml gezuckerte Kondensmilch
45 g Zucker
45 g gehackte Walnüsse
95 g Haselnüsse
95 g Haselnusskrokant
140 g Mascarpone
3 Eigelb
190 g Schlagsahne
240 g Magerquark

Nährwerte p. P.

728 kcal
63 g Kohlenhydrate
47 g Fett
16 g Eiweiß

1 Sahne steifschlagen und kühlstellen. Kondensmilch unter Rühren im Topf erhitzen und acht Minuten einkochen, bis sie goldbraun ist. Erkalten lassen.

2 Nüsse ohne Fett anrösten, dann ebenfalls abkühlen lassen.

3 Nüsse und Krokant mischen. Zucker und Eigelb schaumig aufschlagen. Mascarpone und Quark zu der Zuckermischung geben und verrühren. Sahne unterheben.

4 Krokantmix, Mascarponecreme und die aus der Kondensmilch entstandene Karamellcreme abwechselnd in Gläser schichten.

CHEESECAKE MIT MANDELTOPPING

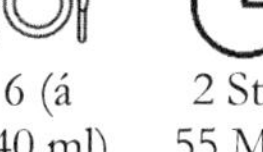

6 (á 140 ml) | 2 Std. 55 Min. | Leicht

Zutaten

Für den Boden:
280 g Kekse n. B.

Für die Füllung:
380 g Frischkäse
5 Blätter Gelatine
290 g Naturjoghurt
65 g Zucker

Für das Topping:
95 g gehackte Mandeln
5 EL brauner Zucker

Für die Dekoration:
18 ganze Mandeln

Nährwerte p. P.

656 kcal
54 g Kohlenhydrate
43 g Fett
15 g Eiweiß

1 Gelatine acht Minuten in etwas Wasser einweichen. Kekse fein mixen, auf die Gläser verteilen und andrücken.

2 Für die Füllung Joghurt und Frischkäse aufschlagen. Gelatine ausdrücken und mit dem Zucker in einem Topf so lange erwärmen, bis die Masse zähflüssig geworden ist. Anschließend in die Creme einrühren und in die Gläser geben. Gläser mindestens zwei Stunden kühlstellen.

3 Kurz vor dem Servieren braunen Zucker in einem Topf erhitzen. Sobald dieser geschmolzen ist, die Mandeln unterrühren. Topf von der Platte nehmen und eine Weile erkalten lassen. Als Topping in die Gläser geben und je drei ganze Mandeln oben draufsetzen.

ERDNUSS-SCHOKO-SCHICHTGLAS

8 (á 140 ml)

2 Std. 40 Min.

Leicht

Zutaten

Für die Keksschicht:
12 Karamell-Kekse

Für das Topping:
40 g Zartbitterschokolade
55 g gesalzene Erdnüsse

Für die Karamellsoße:
240 ml Schlagsahne
160 g Zucker
30 g weiche Butter

Für die Mousse:
480 ml Schlagsahne
120 g Zartbitterschokolade

Für die Ganache:
95 ml Schlagsahne
95 g Zartbitterschokolade

Außerdem:
2 EL geraspelte Zartbitter-schokolade

Nährwerte p. P.

809 kcal
60 g Kohlenhydrate
61 g Fett
7 g Eiweiß

1 Kekse mixen, Nüsse und Schokolade hacken und Nüsse mit der Schokolade mischen.

2 Für die Karamellsoße Zucker im Topf bei mittlerer Temperatur schmelzen. Sahne in einem weiteren Topf erhitzen. Wenn der Zucker geschmolzen und goldbraun ist, Topf von der Platte nehmen und Butter unterrühren. Topf wieder auf die Platte stellen, Sahne zugeben und ein paar Minuten köcheln lassen. Danach abkühlen lassen. Falls Klümpchen im Karamell sind, dieses durch ein Sieb streichen.

3 Währenddessen für die Mousse Schokolade hacken und 120 ml Sahne im Topf zum Kochen bringen. Ein Drittel der heißen Sahne zu der Schokolade geben und verrühren. Dann nacheinander das zweite und dritte Drittel zugeben und unterrühren. Abkühlen lassen.

4 Übrige Sahne cremig aufschlagen. 3 EL davon unter die Schokosahne rühren, dann den Rest unterheben.

5 Für die Ganache Schokolade hacken und Sahne im Topf aufkochen lassen. Schokolade unterrühren, dann drei Minuten mixen. Auch abkühlen lassen.

6 Kekskrümel auf die Gläser verteilen. Je 1 EL Karamellsoße darübergießen. Schokomousse in einen Spritzbeutel füllen und gleichmäßig in die Gläser spritzen. Erdnuss-Schoko-Mischung daraufstreuen und je nach Geschmack nochmals Karamellsoße darübergießen. Zum Schluss die Ganache in die Gläser schichten und Schokoraspel darüberstreuen.

Tipp: Die übrige Karamellsoße schmeckt super zu Eiscreme oder aber Sie verwenden sie für das nachfolgende Rezept!

KÜRBIS-PEKANNUSS-SÜßSPEISE

6 (á 140 ml)

3 Std. 20 Min.

Leicht

Zutaten

190 g Tofu
110 g Kürbispüree
45 g Pekannüsse
190 ml kalte Schlagsahne
1 Pck. Sahnesteif
2 EL Zitronensaft
95 g Kekse (z. B. Gewürzspekulatius)
½ TL Zimt
1 Msp. Nelken (gemahlen)
1 Msp. Kardamom (gemahlen)
Ahornsirup n. B.

Nährwerte p. P.

300 kcal
18 g Kohlenhydrate
24 g Fett
7 g Eiweiß

1 Tofu, Zitronensaft, Gewürze und Kürbispüree fein mixen. Sahne mit Sahnesteif steifschlagen, dann unter die Tofumasse heben. Nach Belieben mit Ahornsirup süßen.

2 Nüsse hacken und ein paar Minuten ohne Öl in einer Pfanne anrösten. Kekse zerbröseln. Danach beides vermengen.

3 Je 1 - 2 EL der Nussmischung in die Gläser geben, dann 2 - 3 EL der Kürbismasse daraufschichten und so weiter verfahren, bis die Mischungen aufgebraucht sind. Gläser mindestens drei Stunden kühlstellen.

Tipp: Für das gewisse Extra können Sie einen Löffel geschlagene Sahne und etwas Karamellsoße auf das Dessert geben!

NACHSPEISE MIT GEBRANNTEN MANDELN

6 (á 140 ml)

1 Std. 20 Min.

Leicht

Zutaten

Für die Creme:
190 ml Schlagsahne
1 Pck. Sahnesteif
230 g Mascarpone
230 g Quark (20 % Fett)
1 Pck. Vanillezucker
45 g Zucker
3 Tropfen Bittermandelaroma

Für die Mandeln:
95 g Zucker
½ TL Zimt
1 Pck. Vanillezucker
190 g Mandeln
95 ml Wasser

Außerdem:
etwas Öl
12 Vanillekipferl

Nährwerte p. P.

709 kcal
45 g Kohlenhydrate
55 g Fett
14 g Eiweiß

1 Sahne und Sahnesteif zusammen steifschlagen. Anschließend kühlstellen. Mascarpone, Zucker, Vanillezucker, Quark und Aroma verrühren und Sahne unterheben. Mischung kühlstellen.

2 Für die gebrannten Mandeln Zucker, Vanillezucker, Zimt und Wasser in eine hohe Pfanne geben und zum Kochen bringen, sodass sich der Zucker vollständig auflöst. Mandeln hineingeben, unterrühren und so lange rösten, bis das Wasser verdunstet ist. Mandeln auf einem gefetteten Stück Backpapier ausbreiten und abkühlen lassen.

3 Vanillekipferl in die Gläser bröseln, Creme daraufgeben und die Mandeln als Topping obendrauf streuen.

HASELNUSSCREME

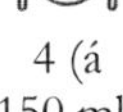

4 (á 150 ml) | 3 Std. 20 Min. | Leicht

Zutaten

2 Eier (getrennt)
etwas Wasser
70 g Zucker
70 g gemahlene Haselnüsse
480 ml Vollmilch
95 ml Schlagsahne
5 Blatt weiße Gelatine

Nährwerte p. P.

369 kcal
27 g Kohlenhydrate
26 g Fett
10 g Eiweiß

1 Zucker und Eigelbe cremig aufschlagen. Milch nach und nach zugeben. Gelatine ein paar Minuten in etwas Wasser einweichen, ausdrücken und bei wenig Hitze nach Packungsangabe schmelzen.

2 3 EL von der Milchmischung zu der Gelatine geben und langsam die übrige Masse unterrühren. Anschließend in den Kühlschrank stellen.

3 Eiweiße und Sahne getrennt steifschlagen. Wenn die Milchmasse beginnt, fester zu werden, Eischnee, Sahne und Nüsse unterheben.

4 Gläser mit der Creme befüllen, luftdicht verschließen und mindestens drei Stunden kühlen.

Vegane Desserts

PUDDING-HIMBEER-DESSERT

4 (á 140 ml)

10 Min.

Leicht

Zutaten

95 g pürierte Himbeeren
380 g pflanzlicher Vanillepudding
75 g vegane Haferkekse

Nährwerte p. P.

183 kcal
23 g Kohlenhydrate
10 g Fett
2 g Eiweiß

1 Kekse grob zerbröseln und in die Gläser streuen.

2 Die Hälfte des Puddings in die Gläser füllen und das Himbeerpüree darauf verteilen. Mit der anderen Hälfte des Puddings abschließen. Gläser bis zum Servieren in den Kühlschrank stellen.

RHABARBER-SCHICHTGLAS

 4 (á 140 ml)

 3 Std. 25 Min.

Leicht

Zutaten

Für die Keksschicht:
75 g vegane Kekse
5 EL Ahornsirup
95 g Cashewkerne

Für die Frischkäse-schicht:
95 g pflanzlicher Joghurt
240 g pflanzlicher Frischkäse

Für die Rhabarber-schicht:
2 Stangen Rhabarber
95 ml Wasser
2 EL Ahornsirup
1 Pck. Vanillezucker

Für das Topping:
1 TL Zitronenabrieb
1 Handvoll gehackte Pistazien

Nährwerte p. P.

555 kcal
63 g Kohlenhydrate
28 g Fett
14 g Eiweiß

1 Rhabarber säubern, kleinschneiden und mit dem Wasser im Topf zum Kochen bringen. Nach drei Minuten Vanillezucker und Ahornsirup zugeben und weiter köcheln lassen, bis der Rhabarber zerfällt. Anschließend abkühlen lassen.

2 Nüsse und Kekse mixen. Mit Ahornsirup vermengen und als Boden in die Gläser verteilen und andrücken.

3 Für die Frischkäseschicht Joghurt und Frischkäse verrühren. Auf die Gläser verteilen und mindestens 60 Minuten kühlstellen.

4 Rhabarbermischung darauf schichten und das Dessert mit Zitronenabrieb und gehackten Pistazien garnieren.

Tipp: Schmecken Sie den Rhabarber ab, ggf. benötigen Sie mehr Ahornsirup und Vanillezucker.

SCHOKO-SÜẞSPEISE

6 (á 160 ml)

45 Min.

Leicht

Zutaten

95 g vegane Zartbitter-schokolade
380 g Seidentofu
2 EL Ahornsirup
2 TL Mandelmus
2 EL Kakaonibs

Nährwerte p. P.

190 kcal
11 g Kohlenhydrate
13 g Fett
6 g Eiweiß

1 Schokolade im Wasserbad schmelzen. Seidentofu abtropfen lassen und anschließend mixen, bis eine cremige Masse entstanden ist.

2 Schokolade, Mandelmus und Sirup zu der Masse geben und alles mixen. Creme auf Gläser verteilen. Mindestens 30 Minuten kühlstellen.

3 Vor dem Servieren mit Kakaonibs anrichten.

LIMETTENMOUSSE

4 (á 150 ml)

1 Std. 20 Min.

Leicht

Zutaten

8 vegane Kekse
240 g frische Himbeeren
40 g flüssige Pflanzenmargarine
95 g Sojaquark
30 ml Agavendicksaft
Abrieb und Saft einer Limette
Mark von ¼ Vanilleschote
95 g vegane Schlagsahne
2 EL Mandelblättchen

Nährwerte p. P.

277 kcal
29 g Kohlenhydrate
16 g Fett
4 g Eiweiß

1 Kekse zerbröseln und mit der Margarine vermengen. In die Gläser geben und etwas andrücken.

2 Himbeeren säubern und auf die Gläser verteilen.

3 Limettenabrieb und -saft mit Quark, Vanillemark und Agavendicksaft verrühren. Sahne aufschlagen und unterheben. Creme auf den Himbeeren verteilen. Gläser 60 Minuten kühlstellen.

4 Vor dem Servieren Mandelblättchen ohne Fett kurz anrösten und auf die Creme streuen.

GÖTTERSPEISE

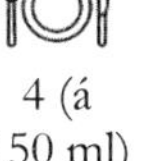

4 (á 150 ml) | 2 Std. 15 Min. | Leicht

Zutaten

Für die Götterspeise:
1 Pck. Götterspeise Instant Waldmeister-Geschmack
240 ml Wasser
240 ml klarer Apfelsaft

Für die Vanillesoße:
1 Pck. Dessert-Soße Vanille-Geschmack
2 EL Zucker
480 ml Mandelmilch

Nährwerte p. P.

93 kcal
18 g Kohlenhydrate
2 g Fett
1 g Eiweiß

1 Götterspeisepulver in eine Schale geben. Apfelsaft und Wasser im Topf zum Kochen bringen und heiß dazugießen. Sofort 30 Sekunden lang mit einem Schneebesen verrühren, bis das Pulver aufgelöst ist. Anschließend in Gläser füllen und mindestens zwei Stunden kühlstellen.

2 Währenddessen für die Soße Zucker und Soßenpulver vermengen. Nach und nach 6 EL von der Mandelmilch mit einem Schneebesen unterrühren. Übrige Milch im Topf aufkochen. Topf von der Platte nehmen, angerührtes Pulver unterrühren, nochmals kurz aufkochen lassen, dann abkühlen lassen. Gelegentlich durchrühren.

3 Vor dem Servieren Vanillesoße nochmals durchrühren und zur Götterspeise servieren.

NUSSKUCHEN

8 (á 250 ml) | 2 Std. 35 Min. | Leicht

Zutaten

8 EL weiche Brotbrösel
140 g weiche Pflanzen-margarine + etwas Margarine zum Einfetten
2 TL Vanillezucker
140 g Zucker
1 Prise Salz
115 g Marzipanrohmasse
290 g Weizenmehl
95 ml Mineralwasser
Abrieb und Saft einer Orange
1 EL Backpulver
140 ml Sojamilch
75 g gehackte Walnüsse
1 EL Puderzucker

Nährwerte p. P.

513 kcal
62 g Kohlenhydrate
25 g Fett
9 g Eiweiß

1 Gläser einfetten und mit je einem EL der Brösel bestreuen. Zucker, Vanillezucker, Margarine und Salz aufschlagen. Marzipan mit einer Gabel zerdrücken und mit Orangensaft und -abrieb glattrühren. Zu der Margarinenmischung geben. Nach und nach Sojamilch und Mineralwasser unterrühren. Mehl und Backpulver zufügen, Nüsse unterheben und Teig in Gläser füllen.

2 Küchlein bei 175 °C Umluft 25 Minuten backen. Anschließend herausnehmen und abkühlen lassen.

3 Vor dem Verzehr mit Puderzucker bestäuben.

SPEKULATIUS-GLAS MIT HIMBEEREN

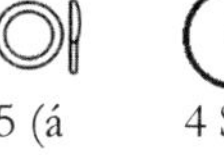

5 (á 180 ml) | 4 Std. 15 Min. | Leicht

Zutaten

240 g vegane Mascarpone (von Schlagfix)
120 g Zucker
240 g Skyr Vanille
290 g TK-Himbeeren
240 g Spekulatius
2 Pck. Vanillezucker

Nährwerte p. P.

504 kcal
73 g Kohlenhydrate
21 g Fett
8 g Eiweiß

1 Mascarpone, Zucker, Vanillezucker und Skyr verrühren. Spekulatius zerkrümeln.

2 Die Hälfte der Creme, dann die Spekulatiuskrümel (bis auf 1 EL), dann die Himbeeren (bis auf fünf Beeren) und anschließend den zweiten Teil der Creme in die Gläser schichten. Gläser mindestens vier Stunden kühlstellen.

3 Vor dem Servieren mit den übrigen Spekulatiuskrümeln und je einer Himbeere garnieren.

VEGANES TIRAMISU

4 (á 250 ml)

6 Std. 40 Min.

Leicht

Zutaten

Für die Kuchenschicht:
250 g Weizenmehl
1 ½ TL Backpulver
95 g Zucker
55 ml Sonnenblumenöl
230 ml Mineralwasser

Für das Tiramisu:
290 g veganer Joghurt (z. B. Alnatura, Mandel Natur)
190 g vegane Schlagsahne
½ TL Vanillearoma
110 ml frisch gebrühter Espresso
2 EL Amaretto
2 EL Puderzucker

Außerdem:
etwas Öl zum Einfetten
3 TL Backkakao

Nährwerte p. P.

556 kcal
84 g Kohlenhydrate
18 g Fett
10 g Eiweiß

1 Zucker, Backpulver und Mehl vermengen. Vanillearoma und Öl unterrühren. Wasser zugeben und kurz verrühren. Backblech mit Backpapier belegen, fetten und Teig darauf glattstreichen.

2 Bei 195 °C Ober-/Unterhitze ca. 18 Minuten im vorgeheizten Ofen backen. Backpapier mit dem Kuchen auf ein Kuchengitter ziehen, Papier abziehen und erkalten lassen.

3 Für die Creme veganen Joghurt in eine Schale geben. Vegane Sahne mit Vanillearoma und Puderzucker steifschlagen. Unter den Joghurt heben. Amaretto und Espresso mischen.

4 Kuchen für die Gläser passend zurechtschneiden. Etwas Creme auf die Gläser verteilen, eine Kuchenschicht darüberlegen und mit etwas Espresso beträufeln. Weiterschichten und mit der Creme oben abschließen.

5 Desserts mit Backkakao bestäuben und mindestens vier Stunden kühlstellen.

VEGANES VANILLE-KIRSCH-GLAS

8 (á 120 ml) | 2 Std. 15 Min. | Leicht

Zutaten

700 ml Sauerkirschen (Glas)
30 g Rohrzucker
½ Vanilleschote
120 g Kakaokekse mit Cremefüllung (Vanillegeschmack)
480 g Soja-Vanille-Joghurt
1 Pck. Puddingpulver Vanille

Nährwerte p. P.

193 kcal
32 g Kohlenhydrate
5 g Fett
4 g Eiweiß

1 Kirschen sieben, dabei den Saft auffangen. 240 ml Kirschsaft und Zucker im Topf zum Kochen bringen. Übrigen Saft mit Puddingpulver verrühren, in den Topf gießen und alles eine Minute köcheln lassen. Topf von der Platte nehmen, Kirschen hineingeben (acht Kirschen übriglassen) und erkalten lassen.

2 Vanilleschote aufschneiden, Mark herauskratzen und dieses mit dem Joghurt vermengen. Kekse hacken.

3 Nacheinander Kekse, Kirschmischung und Joghurt in Gläser schichten. Je eine Kirsche obendrauf setzen.

FRUCHTIGE MANDELNACHSPEISE

6 (á 120 ml) | 4 Std. 25 Min. | Leicht

Zutaten

Für die Streusel:
70 g gemahlene Mandeln
45 g Mandelmus
70 g Haferflocken
45 g ungesüßte Mandelmilch
2 TL Puderzucker

Für die Creme:
75 g Mandelmus
340 g ungesüßter Mandeljoghurt
1 TL Vanillearoma
2 TL Puderzucker

Für das Püree:
380 g Erdbeeren
30 ml Orangensaft
1 TL Johannisbrotkernmehl
Abrieb einer halben Zitrone
2 EL Puderzucker

Außerdem:
6 Erdbeeren
6 Minzblätter

Nährwerte p. P.

180 kcal
11 g Kohlenhydrate
11 g Fett
6 g Eiweiß

1 Für die Streusel alle Zutaten kurz kneten.

2 Für die Creme alle Zutaten verrühren, bis eine cremige Masse entstanden ist.

3 Für das Püree 240 g Erdbeeren säubern, den Strunk entfernen und mit den übrigen Zutaten (bis auf das Mehl) mixen. Mehl zugeben und Püree im Topf kurz aufkochen. Abkühlen lassen.

4 Übrige Erdbeeren säubern, den Strunk entfernen, kleinschneiden und unter das Püree heben.

5 Gläser nacheinander mit der Hälfte der Creme, der Hälfte des Pürees und den gesamten Streusel einschichten. Übrige Creme und dann den Rest des Pürees in die Gläser geben. Mindestens zwei Stunden in den Kühlschrank stellen.

6 Erdbeeren für die Dekoration säubern, den Strunk entfernen und kleinschneiden. Auf die Gläser geben und mit je einem Minzblatt dekorieren.

SCHOKO-WALDMEISTER-DESSERT

4 (á 200 ml)

40 Min.

Leicht

Zutaten

Für die Schokoschicht:
190 g Pflanzenjoghurt
150 g Zartbitterschokolade

Für die Waldmeisterschicht:
240 g Pflanzenjoghurt
3 EL Chiasamen
45 ml Waldmeistersirup

Nährwerte p. P.

349 kcal
24 g Kohlenhydrate
23 g Fett
9 g Eiweiß

1 Für die Waldmeisterschicht alle Zutaten verrühren. Drei EL abnehmen und den Rest auf die Gläser verteilen. Kühlstellen.

2 Währenddessen Schokolade hacken und im Wasserbad schmelzen. Nach und nach Joghurt einrühren. Etwas abkühlen lassen.

3 Schokocreme in einen Spritzbeutel geben und auf die Waldmeistercreme spritzen. Je einen Klecks von der übrigen Waldmeistercreme auf die Schokocreme setzen. Nach Belieben dekorieren und sofort oder gekühlt servieren.

Tipp: Beim Einschichten der Schokocreme am Glasrand beginnen, die Creme einzuspritzen, so sackt nicht alles in die Waldmeisterschicht ab.

Light Desserts & Fitness

MANGO-JOGHURT

6 (á 160 ml)

15 Min.

Leicht

Zutaten

580 g Naturjoghurt
1 EL Zitronensaft
580 Mango (Fruchtfleisch)
5 EL Zucker

Nährwerte p. P.

151 kcal
30 g Kohlenhydrate
2 g Fett
6 g Eiweiß

1 Joghurt und Zucker vermengen. Mango schälen, entkernen und das Fruchtfleisch kleinschneiden. 380 g Mango mit dem Zitronensaft mixen.

2 Abwechselnd Mangomus und Joghurt in die Gläser geben. Obendrauf die übrigen Mangostücke streuen. Bis zum Servieren kühlstellen.

FRUCHTIGES GRANOLA-JOGHURT-SCHICHTDESSERT

4 (á 140 ml)

10 Min.

Leicht

Zutaten

8 EL Granola
240 g Naturjoghurt
1 ½ EL Honig
170 g (selbstgemachtes) Apfelmus

Nährwerte p. P.

243 kcal
31 g Kohlenhydrate
9 g Fett
7 g Eiweiß

1 Joghurt und Honig verrühren. Apfelmus und Joghurt abwechselnd in Gläser schichten.

2 Granola obendrüber streuen und genießen.

Tipp: Für ein selbstgemachtes Apfelmus Äpfel schälen, entkernen und kleinschneiden. Mit etwas Apfelsaft, Zimt und Zucker im Topf köcheln lassen, bis die Apfelstücke weich geworden sind. Anschließend pürieren oder stampfen.

Das Rezept können Sie ganz einfach abändern, indem Sie den Joghurt abwechselnd mit einem Beerenmus schichten oder mit Keksen oder Samen toppen!

SCHOKOMOUSSE MIT AVOCADO

2 (á 150 ml)

5 Min.

Leicht

Zutaten

1 reife Avocado (Fruchtfleisch)
1 EL Backkakao
30 ml Mandelmilch
1 EL Ahornsirup
1 Messlöffel Proteinpulver Schoko
2 Stücke Zartbitterschokolade

Nährwerte p. P.

273 kcal
20 g Kohlenhydrate
17 g Fett
15 g Eiweiß

1 Alle Zutaten mixen, Masse in einen Spritzbeutel geben und auf Gläser verteilen.

2 Mit einem Stück Schokolade dekorieren und genießen.

LEICHTES TIRAMISU

4 (á 140 ml)

1 Std. 10 Min.

Leicht

Zutaten

190 g Skyr Natur
55 g Frischkäse light
1 frisch gebrühter Espresso (30 ml)
2 dicke Reis- oder Maiswaffeln
2 EL Erythrit
2 Tropfen Bittermandelaroma
1 EL Backkakao

Nährwerte p. P.

78 kcal
14 g Kohlenhydrate
3 g Fett
7 g Eiweiß

1 Erythrit fein mixen. Frischkäse und Joghurt verrühren. 1 ½ EL des gemixten Erythrits untermischen. Espresso, übrigen Zucker und Bittermandelaroma verrühren.

2 Waffeln zerbröseln, in eine Schale geben und mit dem Espresso übergießen. Gut durchmischen.

3 Eine Schicht Waffelbrösel auf die Gläser verteilen und etwas Creme daraufgeben. Vorgang wiederholen, Gläser luftdicht verschließen und mindestens 60 Minuten kühlstellen.

4 Tiramisu mit Backkakao bestäuben und genießen.

KÄSEKUCHEN MIT HIMBEEREN

6 (á 150 ml)

1 Std. 15 Min.

Leicht

Zutaten

580 g fettarmer griechischer Joghurt
95 g Pekannüsse oder Walnüsse
½ TL Zimt
5 EL Honig
240 g Himbeeren
2 EL Wasser
1 TL Vanillearoma
4 EL Xylit

Nährwerte p. P.

261 kcal
27 g Kohlenhydrate
14 g Fett
8 g Eiweiß

1 Nüsse, Zimt und 1 EL Honig mixen. Teig als Boden in die Gläser drücken.

2 Joghurt, übrigen Honig und Vanillearoma aufschlagen. Füllung in die Gläser gießen.

3 Himbeeren und Wasser im Topf aufkochen. Anschließend abkühlen lassen.

4 Himbeeren in die Gläser schichten. Das Dessert kann sofort serviert werden oder bis zum Verzehr ein paar Stunden im Kühlschrank stehen.

BLAUBEER-JOGHURT-GLAS

6 (á 150 ml)

4 Std. 15 Min.

Leicht

Zutaten

2 Eiklar
480 g Naturjoghurt
2 TL Zitronensaft
75 g Xylit
380 g Blaubeeren
190 g Schlagsahne

Nährwerte p. P.

234 kcal
13 g Kohlenhydrate
15 g Fett
6 g Eiweiß

1 Xylit, Joghurt und Zitronensaft mischen. Eiklar steifschlagen und unterheben. Mit der Sahne ebenso verfahren.

2 Eine flache Form mit Frischhaltefolie auslegen, Masse hineinfüllen und mehrere Stunden gefrieren lassen.

3 15 Minuten vor dem Servieren Parfait aus dem Gefrierfach nehmen, Beeren säubern und abwechselnd in die Gläser schichten.

ZUPFKUCHEN

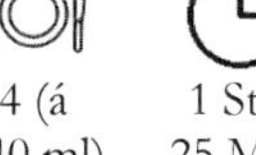

4 (á 140 ml) | 1 Std. 25 Min. | Leicht

Zutaten

Für den Teig:
40 g Butter
55 g gemahlene Mandeln
1 EL Rohrzucker
2 TL Backkakao

Für die Füllung:
1 Ei
Mark aus ½ Vanilleschote
20 g Rohrzucker
480 g Magerquark

Nährwerte p. P.

291 kcal
15 g Kohlenhydrate
17 g Fett
20 g Eiweiß

1 Für den Teig alle Zutaten verrühren. ⅔ des Teiges in Gläser geben und etwas andrücken.

2 Für die Füllung Eier, Zucker und Vanillemark aufschlagen. Masse unter den Quark heben und die Creme auf die Gläser verteilen.

3 Gläser bei 165 °C Umluft im vorgeheizten Ofen 14 Minuten backen. Danach abkühlen lassen.

Tipp: Achten Sie darauf, ofenfeste Gläser, beispielsweise Weckgläser, zu verwenden!

CAPPUCCINO-NACHSPEISE

5 (á 150 ml)

10 Min.

Leicht

Zutaten

Für die Creme:
480 g Magerquark
65 g Cappuccinopulver White Chocolate
etwas H-Milch

Für die Dekoration:
4 Erdbeeren
8 Minzblätter

Nährwerte p. P.

126 kcal
15 g Kohlenhydrate
2 g Fett
13 g Eiweiß

1 Alle Zutaten für die Creme mixen.

2 Masse in Gläser umfüllen. Erdbeeren säubern und den Strunk entfernen. Minze säubern und die Gläser mit je einer Erdbeere und je zwei Minzblättern garnieren

APRIKOSENDESSERT IM GLAS

6 (á 150 ml) | 1 Std. 20 Min. | Leicht

Zutaten

Für die Fruchtfüllung:
380 g Aprikosen
2 TL Zucker
2 TL Zitronensaft
1 Vanilleschote
2 EL Wasser
95 g Amarettini

Für die Creme:
460 g Magerquark
190 g Schlagsahne
2 EL Zucker

Nährwerte p. P.

288 kcal
31 g Kohlenhydrate
13 g Fett
12 g Eiweiß

1 Für die Fruchtfüllung Aprikosen säubern, entsteinen und in dünne Spalten schneiden. Vanilleschote aufschneiden und das Mark herauskratzen. Ausgekratzte Vanilleschote mit Wasser, Aprikosen (sechs Spalten übriglassen), Zucker und Zitronensaft im Topf drei Minuten köcheln lassen. Dann abkühlen lassen und die Vanilleschote herausnehmen.

2 Aprikosenmischung pürieren. Kekse bröseln und 2 EL davon beiseitestellen.

3 Für die Creme Vanillemark, Quark und Zucker vermengen. Sahne steifschlagen und unterheben. Die Hälfte der Creme in die Gläser geben.

4 Amarettinibrösel auf die Creme streuen und Aprikosenpüree darüberschichten. Übrige Creme in die Gläser geben und mit übrigen Aprikosenspalten und Keksbröseln dekorieren.

CHIA-SCHOKO-PUDDING

4 (á 150 ml)

2 Std. 10 Min.

Leicht

Zutaten

240 ml H-Milch
190 ml Mandelmilch
240 ml Kokosmilch
65 g Chiasamen
95 ml geschlagene Sahne
3 EL Kakao (doppelt entölt)
1 Msp. Zimt
Saft einer Orange
3 EL Xylit
Obst n. B. für die Dekoration

Nährwerte p. P.

357 kcal
19 g Kohlenhydrate
29 g Fett
8 g Eiweiß

1 Alle Zutaten, bis auf die Sahne, mixen. Masse zwei Stunden kühlstellen.

2 Geschlagene Sahne unterheben. Pudding auf Gläser verteilen und mit frischem Obst garnieren.

Tipp: Für die vegane Alternative die Milch einfach durch Sojamilch sowie die Sahne durch 95 ml mehr Kokosmilch ersetzen.

Desserts mit Alkohol

WEIßES MOUSSE MIT ANANASKOMPOTT

8 (á 200 ml)

14,5 Std.

Leicht

Zutaten

Für die Mousse:
190 ml Kokosmilch
240 g weiße Kuvertüre
3 Blatt Gelatine
1 Ei
1 Eigelb
2 EL Limettensaft
½ EL Limettenabrieb
2 EL Kokoslikör (klar)
580 ml Schlagsahne

Für das Kompott:
1 Ananas (ca. 1,5 kg)
2 Stangen Zitronengras
70 g Zucker
15 g Ingwer
290 ml Orangensaft
1 EL Speisestärke
etwas kaltes Wasser

Nährwerte p. P.

590 kcal
42 g Kohlenhydrate
45 g Fett
6 g Eiweiß

1 Gelatine in etwas kaltem Wasser einweichen. Kokosmilch im Topf zum Kochen bringen und offen bei hoher Temperatur auf 95 ml einkochen lassen. Dabei regelmäßig rühren. Topf von der Platte nehmen und Milch etwas erkalten lassen.

2 Kuvertüre hacken und in der Milch schmelzen. Eigelb und Ei über einem heißen Wasserbad aufschlagen. Kuvertüre-Milch zugeben, Gelatine ausdrücken und unter Rühren in der Milch auflösen. Limettenabrieb und -saft sowie Kokoslikör einrühren. Schale in ein kaltes Wasserbad stellen und Creme erkalten lassen. Gelegentlich durchrühren.

3 Sahne halb steif schlagen und in zwei Portionen unter die Creme heben. Mousse in Gläser geben, luftdicht verschließen und am besten über Nacht kühlstellen.

4 Für das Kompott Ananas schälen, Strunk entfernen und das Fruchtfleisch kleinschneiden. Ingwer schälen und reiben. Zitronengras halbieren und mit einem schweren Topf flachklopfen.

5 Zucker im Topf schmelzen. Zitronengras und Ingwer zugeben, dann den Orangensaft unterrühren. So lange köcheln lassen, bis sich die Zuckerstücke aufgelöst haben.

6 Stärke und Wasser verrühren, mit in den Topf geben und erneut aufkochen. Ananas kurz mitkochen, dann Kompott in einer Schale erkalten lassen.

7 Zitronengras herausnehmen, etwas Kompott auf die Mousse in die Gläser geben und das übrige Kompott mit den Gläsern servieren.

EIERLIKÖRDESSERT

 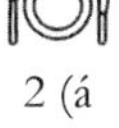  

2 (á 140 ml) | 10 Min. | Leicht

Zutaten

1 Schoko-Muffin
45 g Zartbitterschokolade
190 ml Schlagsahne
1 TL Zucker
4 EL Eierlikör
2 EL Preiselbeermarmelade
2 EL geraspelte Zartbitterschokolade

Nährwerte p. P.

740 kcal
50 g Kohlenhydrate
55 g Fett
7 g Eiweiß

1 Muffin in grobe Stücke schneiden. Schokolade hacken. Zucker und Sahne steifschlagen.

2 Sahne, Muffinstückchen, je einen EL Marmelade und je zwei EL Eierlikör in dieser Reihenfolge in zwei weite Gläser schichten. Mit der Raspelschokolade bestreuen.

PFLAUMEN-SCHICHTDESSERT

4 (á 150 ml)

1 Std. 55 Min.

Leicht

Zutaten

8 Pflaumen
5 EL Zucker
30 ml Pflaumenwein
1 Zimtstange
1 Gewürznelke
1 Spritzer Zitronensaft

Für die Creme:
140 g Quark (20 % Fett)
140 g Mascarpone
2 TL Ahornsirup

Für die Brösel:
45 g Semmelbrösel
45 g Butter
45 g brauner Zucker
65 g gemahlene Haselnüsse

Außerdem:
2 EL Zucker

Nährwerte p. P.

657 kcal
69 g Kohlenhydrate
38 g Fett
10 g Eiweiß

1 Pflaumen säubern, entsteinen und in Stücke schneiden. Zucker in einer Pfanne schmelzen und Pflaumen, Zimtstange und Gewürznelke ein paar Minuten darin schmoren. Pflaumenwein hinzugeben. Einkochen, bis keine festen Zuckerstückchen mehr vorhanden sind und dann Zitronensaft unterrühren. Anschließend abkühlen lassen.

2 Für die Creme alle Zutaten verrühren.

3 Für die Brösel Butter im Topf schmelzen, Nüsse und Brösel untermengen und kurz anrösten. Dann Zucker zugeben und abkühlen lassen.

4 In die Gläser abwechselnd Brösel, Creme und Pflaumen schichten. Mit Bröseln abschließen und mit etwas Zucker bestreuen.

PINA COLADA-GLAS

2 (á 250 ml) | 1 Std. 25 Min. | Leicht

Zutaten

240 ml Kokosmilch
45 g Zucker
2 EL Vanillepuddingpulver
1 EL Limettenabrieb
95 ml Schlagsahne
4 EL Kokosraspel
3 EL Puderzucker
190 g Ananasringe (Glas)
3 EL weißer Rum

Nährwerte p. P.

967 kcal
85 g Kohlenhydrate
61 g Fett
7 g Eiweiß

1 Vanillepuddingpulver mit 4 EL der Kokosmilch verrühren. Rest der Milch mit Zucker und Limettenabrieb im Topf zum Kochen bringen. Von der Platte nehmen, angerührtes Puddingpulver unterrühren, nochmals kurz aufkochen und dann in eine Schale umfüllen. Sofort mit Frischhaltefolie abdecken und in den Kühlschrank stellen.

2 Puderzucker in einer Pfanne erhitzen. Sobald dieser beginnt zu schmelzen, Kokosraspel unterrühren und karamellisieren. Direkt auf einen Teller geben und erkalten lassen.

3 Sahne steifschlagen und Ananasscheiben in Stücke schneiden. Rum zu dem Kokospudding geben und diesen durchrühren. Sahne unterheben.

4 Kokospudding, Ananasstücke und karamellisierte Kokosflocken in der Reihenfolge abwechselnd in Gläser schichten, bis die Zutaten verbraucht sind. 30 Minuten ins Gefrierfach stellen und dann genießen!

SCHWARZWÄLDER KIRSCH-SÜẞSPEISE

6 (á 150 ml)

2 Std. 20 Min.

Leicht

Zutaten

280 g Biskuit
140 g Mascarpone
30 g Honig
55 g Zucker
170 g Schlagsahne
50 g saure Sahne
65 g weiße Schokolade
1 Pck. Vanillezucker
280 g Kirschen (Glas)
95 ml Kirschsaft (Glas)
2 cl Rum
2 EL geraspelte Zartbitterschokolade für die Dekoration

Nährwerte p. P.

762 kcal
91 g Kohlenhydrate
38 g Fett
9 g Eiweiß

1 Biskuit würfeln. Weiße Schokolade in 25 g der Sahne im Wasserbad erhitzen, bis sie vollständig geschmolzen ist. Mit Mascarpone, Vanillezucker, saurer Sahne und Honig verrühren. Übrige Sahne steifschlagen und unterheben.

2 Kirschsaft und Zucker im Topf einkochen. Kirschen und Rum unterrühren und abkühlen lassen.

3 Biskuitwürfel, Kirschmischung und Creme abwechselnd in Gläser schichten, bis alles aufgebraucht ist. Mit Raspelschokolade dekorieren.

GIN TONIC-NACHSPEISE

6 (á 140 ml)

3 Std. 15 Min.

Leicht

Zutaten

12 Löffelbiskuits
40 ml Gin
190 g Schmand
180 g Frischkäse
1 Limette
95 g Naturjoghurt
40 ml Tonic Water
45 g Puderzucker
190 ml Schlagsahne

Nährwerte p. P.

392 kcal
19 g Kohlenhydrate
31 g Fett
6 g Eiweiß

1 Limette halbieren und eine Hälfte auspressen. Biskuit grob zerkleinern und in die Gläser geben. Sahne steifschlagen. Übrige Zutaten und den Limettensaft verrühren. Danach die Sahne unterheben.

2 Creme in Gläser geben und drei Stunden in den Kühlschrank stellen.

3 Die andere Limettenhälfte in Scheiben schneiden und je eine Scheibe auf einen Glasrand stecken.

KARAMELLCREME MIT COOKIES

4 (á 250 ml) | 20 Min. | Leicht

Zutaten

Für das Dessert:
380 g kalte Schlagsahne
290 g kalter Magerquark
190 g Schoko-Cookies
1 Vanilleschote
2 Pck. Sahnesteif
45 g Karamelllikör

Für den Schokorand:
1 TL Honig
2 TL geriebene Vollmilchschokolade

Nährwerte p. P.

706 kcal
43 g Kohlenhydrate
53 g Fett
15 g Eiweiß

1 Honig kreisförmig auf einen kleinen Teller geben und Gläser kopfüber hineintunken. Geriebene Schokolade auf einem anderen kleinen Teller verteilen und die Gläser dort ebenfalls eintunken.

2 Cookies in Stücke brechen und mit 35 g des Likörs begießen. Beiseitestellen.

3 Vanilleschote aufschneiden und das Mark auskratzen. Sahne anschlagen, Vanillemark und Sahnesteif zugeben und steifschlagen. Quark unterheben.

4 Ein paar Cookie-Stücke in die Gläser geben, sodass der Glasboden bedeckt ist. Gläser knapp halbvoll mit der Creme befüllen. Den Vorgang wiederholen, dabei ein paar Cookie-Stücke aufheben und als Topping oben auf der Creme dekorieren. Übriggebliebene geriebene Schokolade auf die Creme streuen und mit dem Rest Karamelllikör beträufeln.

PFIRSICHDESSERT

4 (á 250 ml)

15 Min.

Leicht

Zutaten

1 Dose Pfirsichhälften (ca. 800 g Füllmenge)
1 TL Zitronenabrieb
40 g Puderzucker
480 g Magerquark
3 TL Zitronensaft
190 ml Schlagsahne
1 Pck. Sahnesteif
1 Pck. Vanillezucker
90 ml Vanillesoße
95 ml Eierlikör

Nährwerte p. P.

503 kcal
56 g Kohlenhydrate
21 g Fett
19 g Eiweiß

1 Pfirsiche abgießen, Saft dabei auffangen. 140 g Pfirsiche und 3 EL des Saftes mixen. Pfirsichmus, Quark, Zitronenabrieb, Zitronensaft und Puderzucker vier Minuten cremig rühren.

2 Übrige Pfirsiche kleinschneiden. Sahne mit Sahnesteif und Vanillezucker steifschlagen. Beides unter die Creme heben und in vier Gläser füllen. Vanillesoße und Eierlikör darübergeben und genießen!

BUENO-NACHSPEISE

6 (á 200 ml) | 15 Min. | Leicht

Zutaten

230 g Mascarpone
190 ml Schlagsahne
8 Kinder-Bueno
120 ml Baileys
3 EL Nutella
190 g Schokokekse
1 Pck. Sahnesteif
95 g frische Beeren n. B.

Nährwerte p. P.

711 kcal
44 g Kohlenhydrate
55 g Fett
8 g Eiweiß

1 Sahne mit Sahnesteif steifschlagen. Mascarpone einrühren. Creme in zwei Portionen teilen.

2 Nutella unter eine Hälfte rühren. Sieben Buenos hacken und mit 90 ml Baileys unter die andere Hälfte rühren. Schokokekse hacken und mit dem übrigen Baileys mischen.

3 Nutellacreme in die Gläser geben. Danach die getränkten Kekse in die Gläser geben und zuletzt die Buenocreme in die Gläser füllen.

4 Übriges Kinder-Bueno in sechs Stücke schneiden und je ein Stück in ein Glas setzen. Mit den Beeren garnieren.

ZABAIONE-CREME

6 (á 140 ml)

40 - 100 Min.

Leicht

Zutaten

190 ml Marsala (Likörwein)
4 Eigelbe
45 g Zucker
ein paar Himbeeren
etwas Puderzucker

Nährwerte p. P.

183 kcal
23 g Kohlenhydrate
3 g Fett
2 g Eiweiß

1 In einer Schale aus Edelstahl Zucker und Eigelbe schaumig aufschlagen. Unter Rühren Marsala langsam zugeben. Creme über einem heißen Wasserbad so lange aufschlagen, bis sie andickt.

2 Gläser mit der Zabaione befüllen. Nach Wahl die Zabaione warm oder kalt genießen. Vorher mit Himbeeren dekorieren und mit etwas Puderzucker bestreuen.

International

PANNA COTTA

6 (á 200 ml)

5 Std.

Leicht

Zutaten

480 ml Schlagsahne
85 g Zucker
1 Vanilleschote
480 g Erdbeeren
2 Blätter weiße Gelatine
ein paar Beeren für die Dekoration

Nährwerte p. P.

361 kcal
23 g Kohlenhydrate
30 g Fett
2 g Eiweiß

1 Vanilleschote aufschneiden und Mark herauskratzen. Schote halbieren und mit Vanillemark, 40 g Zucker und 390 ml Sahne im Topf 8 - 12 Minuten offen einkochen. Gelegentlich rühren. Gelatine in etwas kaltes Wasser legen.

2 Topf von der Platte nehmen, Gelatine ausdrücken und in der Sahne auflösen. Umfüllen und 30 Minuten kühlstellen.

3 Übrige Sahne steifschlagen und unter die Creme heben. Creme in die Gläser geben und vier Stunden kühlstellen.

4 Erdbeeren und übrigen Zucker mixen. Soße in die Gläser füllen und Panna Cotta mit ein paar Beeren dekorieren.

BANANEN-SCHOKO-TRIFLE

8 (á 140 ml) | 2 Std. 55 Min. | Leicht

Zutaten

1 Ei
45 g Zartbitterschokolade
95 g Butterkekse
20 ml weißer Rum
120 g Schlagsahne
35 g Puderzucker
2 Bananen
4 EL Vollmilchschokoladenstreusel

Nährwerte p. P.

225 kcal
28 g Kohlenhydrate
11 g Fett
3 g Eiweiß

1 Ei trennen. Eiweiß steifschlagen. Sahne ebenfalls steifschlagen. Schokolade hacken und im Wasserbad schmelzen. Abkühlen lassen. Puderzucker sieben und mit Eigelb drei Minuten aufschlagen.

2 Schokolade unter die Eigelbmasse rühren. Eischnee und Sahne unterheben. Mousse 30 Minuten in den Kühlschrank stellen.

3 Kekse zerbröseln und in die Gläser geben. Rum darüberträufeln. Eine Banane schälen und in feine Scheiben schneiden. Bananenscheiben auf den Keksen verteilen und Mousse daraufgeben. Luftdicht verschließen und zwei Stunden in den Kühlschrank stellen.

4 Übrige Banane schälen, in Scheiben schneiden und das Dessert damit garnieren. Schokostreusel obendrüber streuen.

ETON MESS MIT MANGO UND PASSIONSFRUCHT

6 (á 200 ml) | 20 Min. | Leicht

Zutaten

1 Mango
2 Passionsfrüchte
230 g Schlagsahne
4 kleine Baiser-Nester (oder in anderer Form)
2 EL Puderzucker
etwas Vanillearoma

Nährwerte p. P.

260 kcal
33 g Kohlenhydrate
14 g Fett
2 g Eiweiß

1 Mango schälen, entsteinen und Fruchtfleisch kleinschneiden. Passionsfrüchte halbieren, das Innere herauslöffeln. Baiser in Stücke brechen.

2 Sahne, Zucker und Vanillearoma verrühren. Baiser-Stücke unterheben.

3 Die Hälfte der Mango-Stücke auf Gläser verteilen, anschließend die Hälfte der Creme daraufgeben. Vorgang wiederholen, dabei ein paar Mango-Stücke übriglassen.

4 Das Innere der Passionsfrüchte als Topping oben auf die Creme geben und mit den übrigen Mango-Stücken garnieren.

NATILLAS

6 (á 200 ml)

6 Std. 50 Min.

Leicht

Zutaten

950 ml Vollmilch
etwas Salz
1 Zimtstange
7 Eigelb
3 ½ EL Speisestärke
240 g brauner Zucker
1 Zitrone
3 ½ EL Wasser
1 TL Vanillearoma
3 Kekse oder 3 EL Kokosflocken

Nährwerte p. P.

366 kcal
58 g Kohlenhydrate
12 g Fett
9 g Eiweiß

1 Milch mit Zimt im Topf aufkochen. In einem langen Streifen die Schale der Zitrone mit einem scharfen Messer abschneiden und zusammen mit etwas Salz zu der Milch geben. Topf von der Platte nehmen, Deckel aufsetzen und 30 Minuten ruhen lassen.

2 Eigelbe, Stärke und Wasser mit einem Schneebesen verrühren. Zucker und Vanillearoma unterrühren. Zimtstange und Zitronenschale aus dem Topf nehmen.

3 Milch erneut aufkochen, dann die Eigelbmasse unter Rühren langsam unter die Milch rühren. Masse drei Minuten bei wenig Hitze köcheln lassen, bis sie andickt. Vom Herd nehmen, in eine Schale umfüllen, mit Frischhaltefolie abdecken und in ein eiskaltes Wasserbad stellen. Wenn die Creme abgekühlt ist, für sechs Stunden in den Kühlschrank stellen.

4 Creme in die Gläser geben und mit zerbröselten Keksen oder Kokosflocken garnieren.

ROTE GRÜTZE-VANILLE-GLAS

8 (á 160 ml)

1 Std. 20 Min.

Leicht

Zutaten

Für die rote Grütze:
290 ml roter Fruchtsaft
430 g Beerenmischung
20 g Speisestärke
45 g Zucker
1 Pck. Vanillezucker

Für die Creme:
½ Vanilleschote
2 EL Zucker
95 g Schlagsahne
120 g Magerquark
2 EL Mandelstifte

Nährwerte p. P.

270 kcal
45 g Kohlenhydrate
6 g Fett
5 g Eiweiß

1 240 ml Saft, 140 g Beeren, Zucker und Vanillezucker im Topf zum Kochen bringen. 50 ml Saft und Stärke vermengen und unter Rühren in den Topf geben. Drei Minuten unter Rühren köcheln lassen, übrige Beeren zugeben, Topf von der Platte nehmen und eine Weile abkühlen lassen.

2 Rote Grütze auf die Gläser verteilen und kühlstellen.

3 Für die Creme Vanilleschote aufschneiden, Mark herauskratzen und mit Quark und Zucker vermengen. Sahne steifschlagen und unterheben. Masse auf die Gläser verteilen und glattstreichen.

4 Mandelstifte ohne Fett anrösten, abkühlen lassen und auf das Dessert streuen. Bis zum Servieren luftdicht verschlossen im Kühlschrank lagern.

JAPANISCHER FLAN

8 (á 250 ml)

1 Std. 5 Min.

Leicht

Zutaten

Für das Karamell:
95 g Zucker
70 ml Wasser

Für die Creme:
45 g Honig
170 g Zucker
880 ml Vollmilch
9 Eier

Für das Biskuit-Topping:
1 Ei
1 EL Honig
25 g Zucker
25 g Weizenmehl

Nährwerte p. P.

323 kcal
50 g Kohlenhydrate
9 g Fett
11 g Eiweiß

1 Für das Karamell Wasser und Zucker im Topf erhitzen. Einkochen, bis der Zucker schmilzt und Karamell entstanden ist. Warmes Karamell in die Gläser geben und abkühlen lassen.

2 Für die Creme alle Zutaten in einer Schale über einem warmen Wasserbad verrühren. Die Creme sollte ca. 75 °C warm sein. Creme durch ein Sieb geben und in die Gläser füllen.

3 Für das Biskuit-Topping Zucker, Honig und Ei schaumig schlagen. Mehl unterheben. Masse als letzte Schicht in die Gläser geben.

4 Gläser in eine Auflaufform stellen, Wasser hineinfüllen, sodass die Gläser bis zur Hälfte im Wasser stehen. Flans bei 145 °C Ober-/Unterhitze ungefähr 40 Minuten im Ofen garen. Anschließend vier Stunden kühlstellen.

Tipp: Denken Sie daran, für dieses Rezept hitzebeständige Gläser zu verwenden.

PFIRSICH-PARFAIT

6 (á 200 ml) | 5 Std. 25 Min. | Leicht

Zutaten

480 ml Schlagsahne
2 TL Honig
2 EL saure Sahne
4 Schokokekse
3 Pfirsiche
4 Eier
140 g weiße Schokolade

Nährwerte p. P.

532 kcal
27 g Kohlenhydrate
44 g Fett
12 g Eiweiß

1 Eier trennen. Honig im Topf bei wenig Hitze erwärmen. Eigelbe unterrühren. Masse aufschlagen, bis sie schaumig ist.

2 In einem weiteren Topf 240 ml Sahne erhitzen, aber nicht kochen. Von der Platte nehmen und langsam zu der Eigelbmasse geben. Masse erneut aufschlagen und unter Rühren acht Minuten köcheln lassen, sodass die Creme andickt.

3 Weiße Schokolade hacken und im Wasserbad schmelzen. Unter die Creme rühren. Auf Raumtemperatur abkühlen lassen.

4 Übrige Sahne und Sauerrahm aufschlagen. Schokocreme unterrühren. Kekse zerbröseln und auf die Gläser verteilen. Darauf die Creme geben und die Gläser drei Stunden kühlstellen.

5 Pfirsiche säubern, entsteinen, kleinschneiden und als Topping auf das Parfait geben.

Tipp: Anstelle von Pfirsichen können andere Früchte oder Beeren verwendet werden. Für die leichtere Variante können Sie die Sahne durch Frischkäse oder Joghurt ersetzen.

CRÈME BRÛLÉE

8 (á 140 ml)

14,5 Std.

Leicht

Zutaten

9 Eigelbe
210 g Zucker
1 Vanilleschote
950 ml Schlagsahne
40 g Rohrzucker

Nährwerte p. P.

596 kcal
35 g Kohlenhydrate
49 g Fett
6 g Eiweiß

1 Sahne in einen Topf geben. Vanilleschote aufschneiden, auskratzen und mit dem Vanillemark zu der Sahne geben. Sahne erhitzen, ohne sie zum Kochen zu bringen, und anschließend die Vanilleschote herausnehmen. Etwas abkühlen lassen.

2 Zucker und Eigelbe aufschlagen. Warme Sahne unterrühren. Creme auf Gläser verteilen und bei 95 °C Umluft im vorgeheizten Ofen 75 Minuten backen.

3 Creme auskühlen lassen, luftdicht verschließen und über Nacht kühlstellen.

4 Vor dem Servieren mit braunem Zucker bestreuen und flambieren. Alternativ den Ofen auf 190 °C in der Grillfunktion vorheizen und die Gläser für wenige Minuten auf oberster Schiene backen, bis der Zucker karamellisiert.

Tipp: Denken Sie daran, unbedingt hitzebeständige Gläser zu verwenden!

PAVLOVA-SCHICHTGLAS

6 (á 250 ml)

2 Std. 50 Min.

Leicht

Zutaten

2 Handvoll Beeren n. B.
95 g Zucker
1 EL Haferflocken
1 Pck. Vanillezucker
2 Eiweiß
1 Prise Salz
360 g Vanillepudding
120 g weiche Butter
1 TL Speisestärke
2 TL Kokosflocken
4 Scheiben Leicht & Cross Knusperbrot
45 g Ahornsirup

Nährwerte p. P.

360 kcal
45 g Kohlenhydrate
18 g Fett
5 g Eiweiß

1 Salz und Eiweiß steifschlagen. Zucker und Vanillezucker nach und nach einrühren. Stärke einsieben und verrühren.

2 Auf ein mit Backpapier ausgelegtes Backblech mit einem Löffel kleine Häufchen setzen. Anschließend bei 110 °C Ober-/Unterhitze 30 Minuten im vorgeheizten Ofen backen. Danach im geschlossenen Ofen abkühlen lassen.

3 Butter schaumig schlagen und Pudding einrühren.

4 Knusperbrot kleinschneiden und mit Kokosflocken und Ahornsirup in einer Pfanne ein paar Minuten anbraten. Beeren säubern und kleinschneiden.

5 Abwechselnd Mini-Pavlovas, Creme, Beeren und Crunch in die Gläser schichten.

PUMPKIN PIE

6 (á 200 ml)

1,5 Std.

Leicht

Zutaten

240 g Kürbisfleisch
480 ml Schlagsahne
1 TL Zimt
etwas Ingwer (gemahlen)
240 g Haferkekse
85 g Puderzucker
etwas Salz
1 Pck. Vanillezucker
2 TL Zucker
30 ml kalte Vollmilch

Nährwerte p. P.

519 kcal
39 g Kohlenhydrate
39 g Fett
5 g Eiweiß

1 Kürbisfleisch in leicht gesalzenem Wasser 15 Minuten köcheln lassen. Abgießen und mixen.

2 Kürbismus mit Puderzucker, Zimt, Milch, Ingwer und Vanillezucker vermengen. Abdecken und 60 Minuten kühlstellen.

3 Kekse zerbröseln. Sahne mit Zucker steifschlagen. Ein Drittel der Sahne unter die Kürbiscreme heben. Sahne und Kürbiscreme in separate Spritzbeutel geben.

4 Beide Cremes und die Kekskrümel abwechselnd in die Gläser einschichten.

Schnell gemacht

FRUCHTIGES RAFFAELLO-DESSERT

6 (á 150 ml)

15 Min.

Leicht

Zutaten

Für die Creme:
340 g Magerquark
3 TL Zucker
1 EL Zitronensaft
12 Raffaellos
1 Pck. Vanillezucker
190 g Schlagsahne

Außerdem:
480 g Erdbeeren
1 Pck. Vanillezucker

Für die Dekoration:
6 Raffaellos
6 Minzblätter
6 Erdbeeren

Nährwerte p. P.

388 kcal
28 g Kohlenhydrate
26 g Fett
11 g Eiweiß

1 Quark, Zucker, Vanillezucker und Zitronensaft vermengen. Sahne steifschlagen und unterheben. Raffaellos hacken und unter die Masse rühren. Erdbeeren säubern, den Strunk herausschneiden und kleinschneiden. Mit Vanillezucker süßen.

2 Abwechselnd Creme und Erdbeeren in Gläser schichten. Mit je einem Raffaello, einer Erdbeere und einem Minzblatt dekorieren und servieren.

Tipp: Anstelle der Erdbeeren können Sie auch Himbeeren oder Blaubeeren verwenden!

PFIRSICHDESSERT

5 (á 140 ml)

10 Min.

Leicht

Zutaten

240 g Quark (20 % Fett)
120 g Mascarpone
½ Dose Pfirsiche (ca. 420 g)
½ Pck. American Cookies (ca. 115 g)
20 g Zucker
45 ml Pfirsichsaft (aus der Dose)
½ Pck. Vanillezucker

Nährwerte p. P.

361 kcal
38 g Kohlenhydrate
19 g Fett
8 g Eiweiß

1 Pfirsiche sieben, dabei den Saft auffangen. Pfirsiche mixen. Kekse zerbröseln. Quark, Zucker, Mascarpone, Pfirsichsaft und Vanillezucker vermengen.

2 Abwechselnd einen Löffel der Creme, dann einen Löffel vom Pfirsichmus und einen Löffel der Kekse in der Reihenfolge in die Gläser schichten, bis alle Zutaten verbraucht sind.

MÜSLIDESSERT

4 (á 250 ml)

15 Min.

Leicht

Zutaten

190 g Naturjoghurt
190 g Schlagsahne
1 Spritzer Zitronensaft
95 g + 1 Prise Zucker
190 g Müsli
2 TL Honig
2 Handvoll Beeren n. B. oder Weintrauben

Nährwerte p. P.

519 kcal
70 g Kohlenhydrate
25 g Fett
8 g Eiweiß

1 Sahne mit einer Prise Zucker steifschlagen. Joghurt unterheben, dann Zitronensaft und Zucker unterrühren. 1 EL des Müslis und ein paar Beeren beiseitelegen. Übrige Beeren säubern und kleinschneiden.

2 Die Hälfte des Müslis auf Gläser verteilen, mit etwas Honig beträufeln, dann ein paar Beeren darauflegen. Die Hälfte der Sahnecreme darauf verteilen. So noch ein weiteres Mal verfahren und das Dessert mit etwas Müsli und ein paar Beeren dekorieren.

STRACCIATELLA-GLAS

8 (á 150 ml)

10 Min.

Leicht

Zutaten

240 g Mascarpone
190 g Naturjoghurt
1 Pck. Vanillezucker
45 g Puderzucker
4 EL geraspelte Zartbitterschokolade
190 ml Schlagsahne
8 Himbeeren
8 Blätter Zitronenmelisse

Nährwerte p. P.

283 kcal
12 g Kohlenhydrate
25 g Fett
3 g Eiweiß

1 Puderzucker, Vanillezucker und Mascarpone verrühren. Joghurt zugeben. Sahne steifschlagen und unterheben. Schokoraspel ebenfalls unterheben.

2 Creme auf die Gläser verteilen und mit je einer Himbeere und einem Blatt Zitronenmelisse dekorieren. Bis zum Servieren in den Kühlschrank stellen.

BOUNTY-NACHSPEISE

6 (á 150 ml) | 15 Min. | Leicht

Zutaten

Für die Kokossahne:
25 g Kokosraspel
1 Pck. Sahnesteif
220 g kalte Schlagsahne

Außerdem:
6 Mini-Bounty (ca. 170 g)
240 g Sahnepudding Vollmilchschokolade
6 Blätter Minze

Nährwerte p. P.

355 kcal
24 g Kohlenhydrate
57 g Fett
3 g Eiweiß

1 Kokosraspel in einer Pfanne anrösten, dann auf einem Teller abkühlen lassen.

2 Währenddessen vier Bounty-Riegel würfeln. Die übrigen Riegel in Scheiben schneiden. Sahne und Sahnesteif zusammen steifschlagen. Kokosraspel und ⅔ der Bounty-Würfel unterheben. Übrige Bounty-Würfel auf die Gläser verteilen.

3 Pudding einmal durchrühren und in die Gläser geben. Sahne-Kokos-Mischung darauf schichten und die Nachspeise mit den Bounty-Scheiben und je einem Blatt Minze dekorieren.

ERDBEER-MELONEN-DESSERT

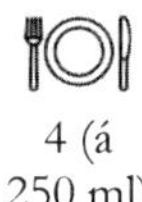
4 (á 250 ml)

15 Min.

Leicht

Zutaten

240 g Erdbeeren
5 EL Zucker
½ Galia-Melone
(ca. 1 kg im Ganzen)
140 g Naturjoghurt
2 Pck. Vanillezucker
120 ml Schlagsahne
Saft einer halben Zitrone

Nährwerte p. P.

262 kcal
36 g Kohlenhydrate
13 g Fett
3 g Eiweiß

1 Erdbeeren mit 2 EL Zucker mixen. Melone entkernen und Fruchtfleisch mit 2 EL Zucker ebenfalls mixen. Sahne, übrigen Zucker und Vanillezucker steifschlagen. Joghurt untermischen.

2 In alle drei Massen etwas Zitronensaft träufeln. In eine Schale die Hälfte des Erdbeerpürees und die Hälfte der Joghurtmasse geben und verrühren. Die Hälfte vom Melonenmus mit der übrigen Joghurtmasse vermengen.

3 In die Gläser nacheinander Erdbeerjoghurt, Erdbeermus, Melonenjoghurt und Melonenmus füllen. Vorgang wiederholen, bis mehrere Schichten entstanden sind und alle Zutaten aufgebraucht sind. Bis zum Verzehr kühlstellen.

Tipp: Als Dekoration eignen sich Eiswaffeln hervorragend!

MILKA SCHOKO SNACK-NACHSPEISE

4 (á 200 ml)

15 Min.

Leicht

Zutaten

380 g griechischer Joghurt
95 ml kalte Schlagsahne
190 g Frischkäse (mit hohem Fettanteil)
7 Stk. Milka Schoko Snack

Nährwerte p. P.

438 kcal
20 g Kohlenhydrate
35 g Fett
12 g Eiweiß

1 Joghurt und Frischkäse verrühren. Zwei Milka Schoko Snacks fein hacken und unter die Creme rühren. 45 ml Sahne steifschlagen und unterheben. Drei Milka Schoko Snacks würfeln.

2 Etwas von der Creme auf die Gläser verteilen und ein paar Stücke von den Milka Schoko Snacks darauf geben. So weiter schichten, bis das Glas gefüllt und die Zutaten aufgebraucht sind. Dessert bis zum Verzehr kühlstellen.

3 Vor dem Servieren übrige Milka Schoko Snacks halbieren und das Dessert damit dekorieren.

HIMBEERCREME

4 (á 180 ml)

10 Min.

Leicht

Zutaten

Für die Creme:
140 g Quark (20 % Fett)
2 TL Zitronensaft
140 g Mascarpone
4 kleine Baiser
2 EL Vanillezucker
120 g Himbeeren
+ 4 halbierte Himbeeren

Für die Dekoration:
4 kleine Baiser
4 Himbeeren
4 Blätter Zitronenmelisse

Nährwerte p. P.

315 kcal
33 g Kohlenhydrate
18 g Fett
7 g Eiweiß

1 Himbeeren säubern. Mascarpone, Quark, Vanillezucker und Zitronensaft verrühren. Himbeeren mixen und anschließend durch ein Sieb streichen.

2 Die Hälfte der Quarkcreme mit dem Beerenmus verrühren. 4 Baiser zerbrechen. Beide Cremes abwechselnd mit den Baiserstückchen und je einer halbierten Himbeere in die Gläser schichten.

3 Jedes Glas mit einem Baiser, einer Himbeere und einem Blatt Zitronenmelisse dekorieren.

TOFFIFEE-GLAS

4 (á 150 ml)

15 Min.

Leicht

Zutaten

40 g Zartbitterschokolade
70 g Dr. Oetker Nuss Nougat
290 ml kalte Vollmilch
15 Toffifee
1 Pck. Dr. Oetker Paradiescreme Sahne-Karamell-Geschmack

Nährwerte p. P.

374 kcal
40 g Kohlenhydrate
20 g Fett
6 g Eiweiß

1 Schokolade hacken und mit Nougat im Wasserbad schmelzen. Toffifee aus der Packung nehmen, vier Stück beiseitelegen, die übrigen hacken.

2 Milch mit dem Cremepulver drei Minuten lang aufschlagen. Die Hälfte der Creme in einen Spritzbeutel geben. Unter die andere Hälfte die Nougatmischung rühren. Die dunkle Creme auch in einen Spritzbeutel füllen.

3 Die helle Creme, dann die Toffifee-Stückchen und zuletzt die dunkle Creme nacheinander in Gläser schichten. Mit den übrigen Toffifees verzieren. Bis zum Verzehr kühlstellen.

ZITRONENCREME

4 (á 200 ml)

10 Min.

Leicht

Zutaten

580 g Joghurt (Natur oder Vanille)
75 g Mandelstifte
140 g Lemon Curd (puddingartige Zitronencreme)
25 g Honig
½ Zitrone

Nährwerte p. P.

337 kcal
39 g Kohlenhydrate
14 g Fett
11 g Eiweiß

1 Mandeln in einer Pfanne ohne Fett anrösten. Dann beiseitestellen. Währenddessen Joghurt und Honig vermengen (bei bereits gesüßtem Joghurt den Honig weglassen).

2 Abwechselnd Joghurtmischung und Lemon Curd in die Gläser schichten.

3 Zitrone in vier Scheiben schneiden. Mandeln auf die Creme streuen. Eine Zitronenscheibe auf den Glasrand stecken und servieren.

Tipp: Sie können die Lemon Curd Creme ganz leicht selber machen. Hierfür benötigen Sie 55 ml Zitronensaft, 65 g Zucker, 2 Eier sowie 45 g Butter. Erwärmen Sie Zucker, Butter und Zitronensaft im Topf, bis der Zucker aufgelöst ist. Eier zugeben und bei wenig Hitze mit einem Schneebesen verquirlen, bis die Creme andickt. Anschließend abkühlen lassen.

Desserts für verschiedene Anlässe

KINDERGEBURTSTAGS-DESSERT

6 (á 140 ml)

15 Min.

Leicht

Zutaten

Für die Quarkspeise:
190 g Erdbeeren
1 Pck. Dr. Oetker Quarkfein Erdbeer-Geschmack
240 g Magerquark

Für die Dekoration:
schwarze Zuckerschrift
6 Schokoladeneier oder Kinder Schoko-Bons
Zuckeraugen
Zartbitter Schoko-Tröpfchen

Nährwerte p. P.

94 kcal
15 g Kohlenhydrate
4 g Fett
10 g Eiweiß

1 Erdbeeren säubern und mixen. Quarkfein zugeben und mit einem Schneebesen gut verrühren. Quark unterrühren.

2 Creme bis oben hin und kuppelförmig in kleine Gläser geben. Bis zum Servieren in den Kühlschrank stellen.

3 Für die Dekoration Zuckeraugen mit Zuckerschrift an ein kleines Schokoladenei kleben. Als Kopf auf den Quark legen und mit der Zuckerschrift die Flügel eines Marienkäfers zeichnen. Schokotröpfchen als Punkte in die gezeichneten Flügel legen.

SCHOKOKUSS-DESSERT

8 (á 140 ml) | 15 Min. | Leicht

Zutaten

190 g Schlagsahne
1 Pck. Sahnesteif
6 Schokoküsse
240 g Quark (20 %)
1 Pck. Vanillezucker
290 g (selbstgemachte) rote Grütze

Nährwerte p. P.

226 kcal
24 g Kohlenhydrate
12 g Fett
4 g Eiweiß

1 Sahne, Sahnesteif und Vanillezucker steifschlagen. Waffelböden von den Schokoküssen entfernen und beiseitelegen. Schokoküsse zur Sahne geben, zerdrücken und unterheben. Quark auch untermischen.

2 Gläser abwechselnd mit der Schokokusscreme und der roten Grütze einschichten. Mit den Waffeln garnieren.

Tipp: Unwiderstehlicher Genuss aus fruchtig und süß für besondere Anlässe!

KAFFEE-KEKS-NACHSPEISE

4 (á 200 ml) | 1 Std. 45 Min. | Leicht

Zutaten

95 ml Kaffee
95 g Naturjoghurt
190 g Quark (40 % Fett)
4 EL Zucker
95 ml Schlagsahne
1 TL Vanillezucker
140 g Kekse n. B.
2 EL Backkakao

Nährwerte p. P.

378 kcal
39 g Kohlenhydrate
22 g Fett
9 g Eiweiß

1 Kaffee aufkochen und abkühlen lassen. Sahne steifschlagen. Quark, Zucker, Vanillezucker und Joghurt vermengen. Sahne unter die Quarkmasse heben.

2 Kekse in den Kaffee eintunken, mit einer Gabel zerdrücken und eine dünne Schicht auf die Gläser verteilen. Darauf etwas von der Creme geben. Kakao in ein Sieb geben und die Cremeschicht mit etwas Kakao bestäuben. Auf diese Weise weiter schichten. Mindestens 60 Minuten kühlstellen.

Tipp: Dieses erfrischende Schichtdessert eignet sich perfekt für besondere Anlässe und Feiern im Sommer!

WEIHNACHTLICHES LEBKUCHEN-TIRAMISU

4 (á 250 ml)

1 Std. 10 Min.

Leicht

Zutaten

Für die Creme:
290 g Quark (20 % Fett)
290 g Mascarpone
55 g Puderzucker
1 TL Lebkuchengewürz

Zum Schichten:
290 g Schokoladen-Lebkuchen Herzen und Sterne
95 ml Kirschsaft

Für die Dekoration:
4 Dominosteine
4 Kirschen

Nährwerte p. P.

804 kcal
83 g Kohlenhydrate
46 g Fett
16 g Eiweiß

1 Mascarpone, Quark, Gewürz und Puderzucker vermengen. Lebkuchen zerbröseln. Ein Drittel der Brösel in die Gläser geben und etwas Kirschsaft darübergeben. Etwas Creme darüberschichten.

2 Nächstes Drittel der Brösel in die Gläser geben, erneut mit Kirschsaft beträufeln und etwas von der Creme darauf verteilen. Vorgang ein letztes Mal wiederholen, dabei ein paar der Brösel übriglassen. 60 Minuten kühlstellen.

3 Übrige Brösel auf das Dessert streuen und mit je einem Dominostein und je einer Kirsche verzieren.

CHAMPAGNER-DESSERT

6 (á 250 ml) | 3 Std. 45 Min. | Leicht

Zutaten

25 g Zartbitterschokolade
95 g Zucker
140 g Naturjoghurt
340 ml Champagner
6 Blätter weiße Gelatine
etwas Wasser
Saft von ½ Zitrone
6 Physalis
380 g kalte Schlagsahne
1 Pck. Vanillezucker

Nährwerte p. P.

374 kcal
24 g Kohlenhydrate
26 g Fett
3 g Eiweiß

1 Schokolade hacken und im Wasserbad schmelzen. In ein kleines Papiertütchen umfüllen, eine kleine Ecke abschneiden und die Schokolade dekorativ in die Innenseite der Gläser spritzen. Danach kühlstellen.

2 Gelatine in etwas Wasser einweichen. Zucker, Vanillezucker, Champagner, Joghurt und Zitronensaft vermengen. Gelatine nach Packungsangabe auflösen.

3 3 EL der Joghurtmasse mit einem Schneebesen mit der aufgelösten Gelatine verrühren. Dann die übrige Joghurtmasse zugeben und alles verrühren. Danach eine Weile kühlstellen.

4 Sahne steifschlagen und unter die Masse heben, sobald diese zu gelieren beginnt. Masse auf die Gläser verteilen und drei Stunden kühlstellen.

5 Physalis säubern und auf die Glasränder stecken.

Tipp: Das perfekte Dessert für den Silvesterabend! Anstelle von Champagner eignet sich auch Sekt oder Prosecco.

BIENCHEN-DESSERT

8 (á 200 ml) | 1 Std. 25 Min. | Mittel

Zutaten

Für den Boden:
190 g Schoko-Cookies

Für die Aprikosenschicht:
460 g Aprikosenhälften (Dose)
1 Pck. Vanille Puddingpulver

Für den Pudding:
1 Pck. Vanille Puddingpulver
380 ml Vollmilch
40 g Zucker
190 g Schlagsahne

Für die Dekoration:
16 Eiswaffeln
25 g Zartbitterkuvertüre
16 Zuckeraugen
5 Mikados

Nährwerte p. P.

434 kcal
58 g Kohlenhydrate
19 g Fett
6 g Eiweiß

1 Cookies zerbröseln und in die Gläser streuen.

2 Für die Aprikosenschicht Aprikosen sieben, dabei den Saft auffangen. Acht Hälften zur Seite stellen. Übrige Aprikosenhälften mixen und mit dem Saft auf 480 ml auffüllen. Puddingpulver und Zucker mischen. Dann mit 6 EL von dem Aprikosenmus nach und nach verrühren.

3 Übriges Mus im Topf zum Kochen bringen, von der Platte nehmen, angerührtes Pulver mit einem Schneebesen unterrühren, erneut kurz aufkochen lassen und anschließend in die Gläser füllen. Eine Weile abkühlen lassen.

4 Für den Pudding Zucker und Pulver vermengen. Nach und nach mit 6 EL von der Milch verquirlen. Sahne und übrige Milch im Topf zum Kochen bringen, von der Platte nehmen, angerührtes Pulver unterrühren, nochmals kurz aufkochen lassen und anschließend unter Rühren etwas abkühlen lassen.

5 Pudding in einen Spritzbeutel geben und auf die Aprikosenschicht geben.

6 Kuvertüre im Wasserbad schmelzen. Zur Seite gelegte Aprikosenhälften jeweils zweimal an der Oberfläche etwas einritzen, die Mikado-Stäbchen in größere Stücke brechen und als Fühler in die Aprikosen stecken. Je zwei Zuckeraugen andrücken.

7 Kuvertüre in einen Gefrierbeutel füllen, verschließen, unten eine kleine Ecke abschneiden und die Pfirsiche mit der Schokolade besprenkeln. Danach eine Weile kühlstellen, damit die Schokolade hart wird.

8 Vor dem Servieren je eine „Biene" in die Gläser setzen und mit den Waffeln als Flügel anrichten.

Tipp: Achten Sie auch hier darauf, hitzebeständige Dessertgläser zu verwenden. Dieses Dessert ist perfekt für Ostern, den Kindergeburtstag oder für die Taufe!

BEEREN-FROZEN YOGURT

8 (á 140 ml) | 4 Std. 45 Min. | Leicht

Zutaten

290 g Himbeeren
290 g Blaubeeren
570 g Naturjoghurt (3,5 % Fett)
2 EL Honig
95 g Schlagsahne
2 EL gefriergetrocknete Erdbeeren
1 Pck. Vanillezucker
4 Choco Crossies

Nährwerte p. P.

169 kcal
21 g Kohlenhydrate
8 g Fett
5 g Eiweiß

1 Beeren säubern, je eine Handvoll beiseitelegen und den Rest in separaten Gefrierbeuteln vier Stunden einfrieren.

2 Vanillezucker, Honig und Joghurt verrühren. Gefrorene Himbeeren mit der Hälfte des Joghurts mixen. Die andere Hälfte mit den Blaubeeren mixen. Beides in Schalen umfüllen und 20 Minuten ins Gefrierfach stellen.

3 Sahne steifschlagen, beide Joghurt-Varianten abwechselnd in Gläser schichten und weitere zehn Minuten kaltstellen.

4 Sahne in die Gläser geben und Joghurt mit den beiseitegelegten Beeren und Choco Crossies, sowie den gefriergetrockneten Erdbeeren toppen.

Tipp: Der perfekte Abschluss auf sommerlichen Feierlichkeiten!

HALLOWEEN-NACHSPEISE

8 (á 140 ml)

2 Std. 45 Min.

Leicht

Zutaten

4 Eier
190 g Zucker
120 g Weizenmehl
95 gemahlene Mandeln
1 Glas Kürbispüree (ca. 350 ml)
1 TL Backpulver
160 g Butter
140 g Vollmilchkuvertüre
8 Marshmallows für die Dekoration

Nährwerte p. P.

549 kcal
55 g Kohlenhydrate
33 g Fett
9 g Eiweiß

1 Schokolade hacken, 1 TL beiseitelegen, und mit der Butter im Wasserbad schmelzen. Anschließend abkühlen lassen.

2 Eier und Zucker aufschlagen, Schokolade unterrühren und Mehl, Mandeln und Backpulver unterheben. Teig auf ein mit Backpapier ausgelegtes Blech streichen und im vorgeheizten Ofen bei 165 °C Umluft 20 Minuten backen. Danach erkalten lassen.

3 Etwas Kürbispüree auf die Gläser verteilen. Dann Brownie zerbröseln und darauf verteilen. Wieder etwas Püree daraufgeben.

4 Pro Glas ein Marshmallow in das Püree setzen, den TL gehackte Schokolade kurz in der Mikrowelle schmelzen und kleine Augen auf die Marshmallows malen.

BRATAPFEL-SCHICHTDESSERT

4 (á 200 ml)

1 Std.

Leicht

Zutaten

2 Äpfel
45 ml Apfelsaft
Saft einer halben Zitrone
Mark einer Vanilleschote
1 EL Ahornsirup
1 EL Zimt
240 g Quark (20 % Fett)
45 g Naturjoghurt
45 g Zucker
2 Lebkuchen

Nährwerte p. P.

214 kcal
38 g Kohlenhydrate
4 g Fett
8 g Eiweiß

1 Äpfel säubern, entkernen und in je vier Spalten schneiden. In einer ofenfesten Form verteilen. Vanillemark, Zucker sowie Zitronen- und Apfelsaft in dieser Reihenfolge über die Apfelspalten geben und alles vermengen.

2 Im Ofen bei 195 °C Umluft 20 Minuten backen, danach eine Weile abkühlen lassen und warm auf die Gläser verteilen.

3 Joghurt, Quark, Sirup und Zimt verrühren und in die Gläser füllen. Lebkuchen in Stücke brechen und auf die Creme setzen.

Tipp: Verwenden Sie unbedingt hitzebeständige Gläser für dieses Rezept!

BLAUBEER-OREO-SCHICHTGLAS

5 (á 180 ml)

10 Min.

Leicht

Zutaten

240 g Magerquark
30 ml Mineralwasser
240 g Blaubeeren
240 g fettarmer Vanillejoghurt
170 g Oreo-Kekse

Nährwerte p. P.

261 kcal
39 g Kohlenhydrate
8 g Fett
10 g Eiweiß

1 Wasser, Joghurt und Quark vermengen. Beeren säubern und Oreos hacken.

2 Nacheinander die Hälfte der Quarkmasse, der Brösel sowie der Beeren in die Gläser schichten. Vorgang wiederholen. Dessert bis zum Verzehr kühlstellen.

Tipp: Ein super einfaches und köstliches Dessert für einen besonderen Tag!